(Couserve la Couverture)

HISTOIRE

DE

PIERREFAITE

AVEC

OUGE, ancienne succursale, MONTESSON, annexe

PAR

A. MULSON

Ancien directeur du Collège libre de Pierrefaite
Membre de la Société historique et archéologique de Langres
Curé de Genevrières

LANGRES
IMPRIMERIE ET LIBRAIRIE RALLET-BIDEAUD
8, rue Barbier-d'Aucourt, 8

1898

HISTOIRE

DE

PIERREFAITE

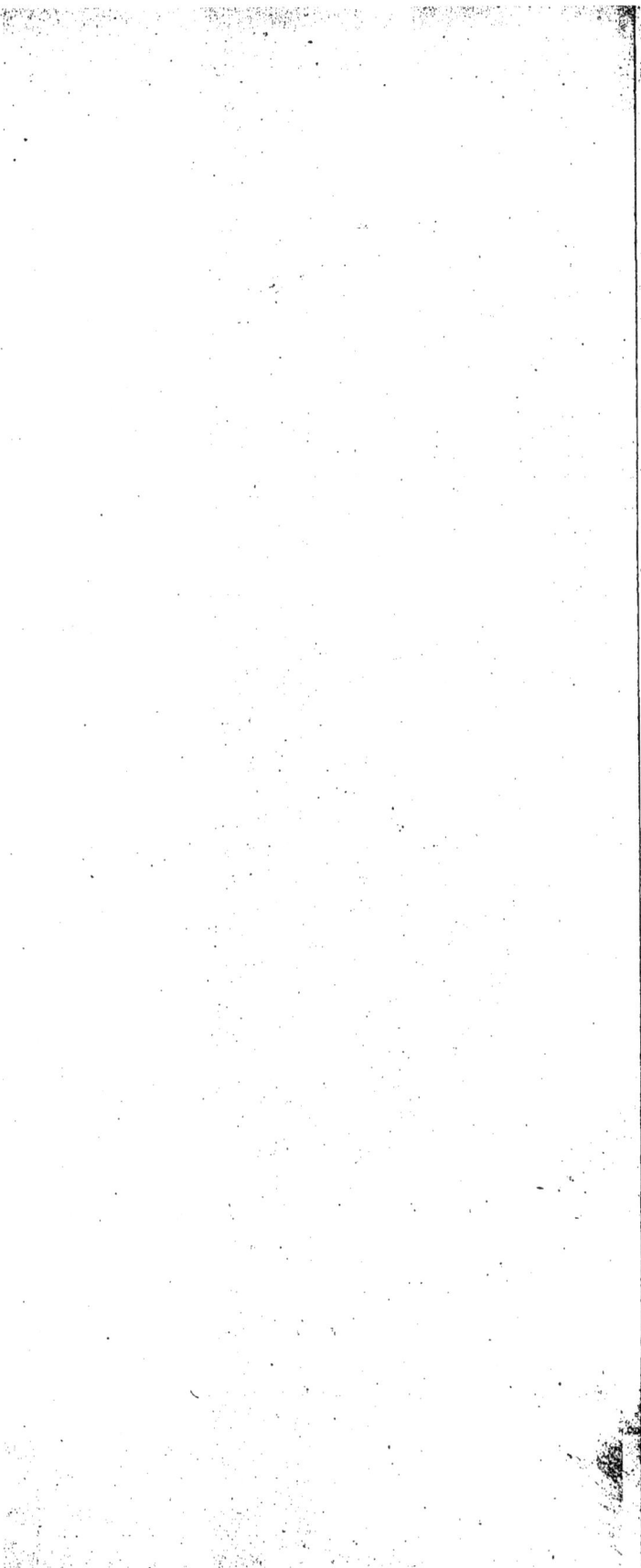

CARTE DES FINAGES DE PIERREFAITE ET DE MONTESSON

Laferté-sur-Amar

Amance R.

La Motte Mᵉⁱⁿ

Chemin de fer de Paris à Belfort

Gare de Laferté

Côte Bouillant

Champfort

Fᵐᵉ Rouge
Fᵐᵉ Jobard

Fᵐᵉ du Bois Renard

Le Trésor

MONTESSON

Montarby Fᵐᵉˢ

Rot-de-Boz Fᵐᵉˢ

La Vendue Fᵐᵉˢ

Fᵐᵉ Velars ou Sᵗ Renobert

Minuit

Bois dit de Montesson

Fᵐᵉ de la Droite-Côte

La Gîte Fᵐᵉ

Fᵐᵉ Penet

Chanfourt Fᵐᵉ

CHARMOY

Sentier

Fᵐᵉ de Reculée

Pᵗᵃⁱᵗ du Charme

Bois la Bique Communal

Bur à Chaux

Le Canard Fᵐᵉ

Fᵐᵉ du Bois des Côtes ou du Roi

La Riêpe Fᵐᵉ

PIERREFAITE

d'Ouge

Sentier

Chemin de Charmoy

La Malade

Le Puits-Matron

Vaumartel Fᵐᵉˢ

Les Mouillères Fᵐᵉ

Ouge

Bois Rupt-Michel

Sentier de Faye-Billot

Fouvent à Ouge

Fᵐᵉ de la Reine

Bois la Reine

Le Chânois Fᵐᵉ

La Quarte

Fᵐᵉ de Plantemont

LA QUARTE

Route

de Champlitte

R.F.

Paris

à Bâle

Route de

BRONCOURT

═══ Routes et Chemins

─── Sentiers

∿∿∿ Rivières et Ruisseaux

------ Limites des finages

–·+·+·– Limites des départements

Fᵐᵉ Ferme

HISTOIRE

DE

PIERREFAITE

AVEC

OUGE, ancienne succursale, MONTESSON, annexe

PAR

A. MULSON

Ancien directeur du Collège libre de Pierrefaite
Membre de la Société historique et archéologique de Langres
Curé de Genevrières

LANGRES

IMPRIMERIE ET LIBRAIRIE RALLET-BIDEAUD

8, rue Barbier-d'Aucourt, 8

1898

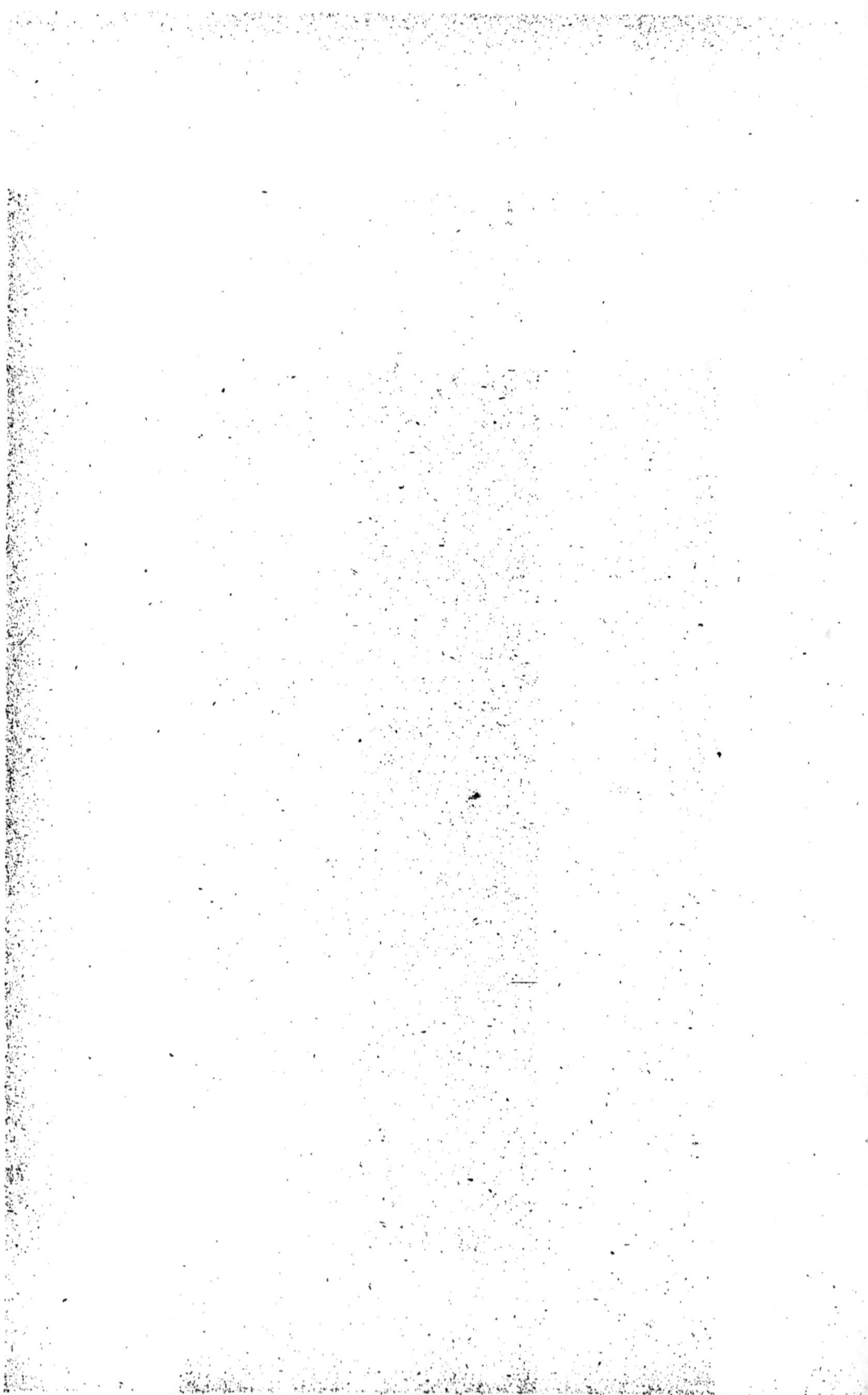

AVANT-PROPOS

———

Nous n'ignorons pas que la notice que nous publions aujour-
d'hui, dernier fruit de nos recherches sur la Vallée de l'Amance,
n'apporte qu'une pierre bien légère au monument historique de
notre région. Elle aura cependant son utilité. Nos compatriotes,
pour le moins, voudront connaître ce qu'a été autrefois et comment
s'est développé le pays qu'ils occupent ; les seigneurs qui l'ont
possédé sous un régime à jamais disparu ; l'honneur qui lui
revenait de son titre de chef-lieu de doyenné ; les prêtres qui
l'ont évangélisé, en amis dévoués, dans la mauvaise comme dans
la bonne fortune. Ils assisteront aux malheurs des temps et des
guerres dont Pierrefaite eut à subir les conséquences ; à sa
ruine, à son relèvement ; à la naissance et au progrès de la
communauté ; aux défrichements successifs du territoire. Ils
verront quels furent les franchises et les droits des habitants ; les
procès qu'ils eurent à soutenir ; les travaux auxquels ils ont
participé. Ils sauront les sacrifices que leurs ancêtres s'imposèrent
dans la construction de l'ancien presbytère, de l'église actuelle ;
à quelles générosités sont dues nos écoles, les maîtres qui les ont
dirigées.

Nous nous arrêterons ensuite plus longuement à décrire la
période de la Révolution.

A son tour, notre siècle nous fournira une ample moisson de
faits vaguement transmis par la tradition, s'ils ne sont pas oubliés
pour la plupart. Nous en rapporterons les principaux. On aimera
à faire ou à renouveler connaissance avec les personnages de la
localité qui ont, par leur mérite, donné quelque relief à leurs
noms. On suivra avec intérêt nos familles d'émigrants s'en allant
au delà des mers fonder une colonie française sur une terre

étrangère. Il n'est pas jusqu'aux événements les plus récents, si facilement obscurcis dans la mémoire, qu'il soit superflu de rappeler.

On entend souvent répéter qu'il serait à désirer que tout village, même le plus petit, eût son histoire. C'est aussi à cette idée que nous avons cédé en consignant, avec la simplicité que demande le sujet, ce qui nous a paru digne de remarque sur l'humble endroit où s'est écoulée la meilleure partie de notre existence. — Au cours de notre récit nous donnerons, en outre, un aperçu des histoires d'Ouge, ancienne succursale, et de Montesson, annexe de Pierrefaite.

Genevrières, 15 juin 1898.

HISTOIRE DE PIERREFAITE

Avec OUGE, ancienne succursale,

MONTESSON, annexe

—————✱—————

CHAPITRE PREMIER

1. *Position, étymologie, ancienneté de Pierrefaite.* —
2. *Voies romaines et mares.* — 3. *Montesson ; le
vieux et le nouveau, ses antiquités.*

1. Situé à la limite sud-est de la Champagne, Pierrefaite
faisait partie, en 1789, de la Généralité de cette province,
de l'Élection et du Bailliage de Langres. Il confinait à la
Bourgogne par Fays-Billot et à la Franche-Comté par
Ouge. Actuellement, le ruisseau des *Bruyères* le sépare
de la Haute-Saône. Il est à 65 kilomètres de Chaumont,
son chef-lieu de département et à 28 de Langres. C'est une
des treize communes du canton de Laferté (1) et la
quatrième en population.

Pierrefaite, traduit de *Petra-ficta*, pierre fichée ou
plantée, s'appelait, autrefois, *Pierre-ficte*, et, depuis
environ trois siècles, on le nomme *Pierrefaite*, que l'on

_____

(1) Nous écrivons *Laferté* et non *La Ferté*, et plus haut *Fays*, au
lieu de *Fayl*, pour nous conformer à la nouvelle orthographe, dont
l'usage a prévalu.

écrit en un seul mot. C'est abusivement que l'Administration ajoute parfois une *s* à la fin.

Quinze villages en France ont la même étymologie ;
treize conservent leur orthographe primitive, *Pierrefitte ;*
Pierrefiche (Aveyron) reproduit le mieux le sens et la
forme du nom latin ; Pierrefaite est le seul de cette
terminaison.

Mais, que signifie cette pierre fichée en terre ? Était-ce
un autel gaulois, une de ces pierres de la *Superstition,*
auprès desquelles se rendaient les peuples idolâtres et
dont l'approche était prohibée aux Chrétiens par les
Conciles ? Tel serait le sentiment de ceux qui prennent
toutes les pierres levées pour des menhirs ou des souvenirs
païens. Cette opinion ne nous parait pas fondée. D'ailleurs,
à partir de la ville de Langres, aucun de ces monuments
n'est signalé avec certitude dans notre extrême région de
l'Est, et nous croyons que cette pierre indique simplement
que l'endroit lui-même, ou une borne plantée en ce lieu,
servit à limiter deux provinces ou deux cantons séparément administrés. Cette interprétation, donnée ailleurs
à *Petraficta,* convient bien aussi à Pierrefaite, placé à la
frontière d'importantes divisions territoriales.

Au sujet de son ancienneté, Mabillon (1) s'est efforcé
d'établir que notre village était honorablement connu dès
le temps des Carlovingiens. Il rapporte deux diplômes
donnés au palais *Petræ-fictæ,* l'un par Pépin, en 827,
l'autre, en 881, dans la 3ᵉ année du règne de Carloman,
fils et successeur de Louis-le-Bègue, et, après avoir
discuté la question du lieu où ces diplômes furent
octroyés, il conclut en faveur de Pierrefaite, chef-lieu de
doyenné, avec un château antique et une forêt qui pouvait
convenir aux chasses royales.

M. Mathieu (2), sans verser aucune lumière au débat,

(1) *Mabillon* (Jean), bénédictin de la Compagnie de Saint-Maur,
l'un des hommes les plus savants de son Ordre, né en 1632, à Saint-
Pierremont, près de Reims, mort en 1707, a laissé des ouvrages
d'histoire et de diplomatie remarquables par une vaste érudition.
(2) *Mathieu* (J.-B.), né à Montigny-le-Roi, en 1764, mort curé
d'Autreville, en 1829, auteur d'ouvrages très utiles au département, a
aussi laissé de nombreux manuscrits, recueillis par la bibliothèque
du Grand-Séminaire de Langres.

se contente de donner son approbation à la conclusion du docte bénédictin. « Les maisons royales, dit-il, étaient si nombreuses en France, qu'il devait s'en trouver quelqu'une dans le Bassigny. Le petit bourg de Pierrefaite, *villa Petræ-fictæ*, avait jadis un château-fort, une forêt réservée aux souverains et un doyenné ecclésiastique ; ce qui prouve son antiquité. »

Pour appuyer le sentiment de Mabillon, on pourrait encore ajouter que, dans le vallon voisin de Pierrefaite, sont la ferme *Vau-Martel*, la ferme et le bois *La Reine*, dont les appellations sembleraient donner à notre village un cachet de noble ancienneté.

Mais ces raisons ne nous paraissent pas suffisantes pour démontrer son importance à cette époque.

En 827, Pépin, l'un des fils de Louis-le-Pieux, était occupé, dans le midi, à réprimer un soulèvement des Goths et, en 881, Carloman, de bon accord avec son frère, Louis, régnait en Aquitaine. Le château antique et la forêt réservée aux souverains sont, à notre avis, du domaine de la pure imagination. Enfin, le titre de chef-lieu ecclésiastique ne prouve pas que Pierrefaite soit, comme on l'a avancé, une des plus anciennes communes de l'arrondissement de Langres. Cependant, nous ne doutons pas de son existence longtemps même avant le IXᵉ siècle.

2. *Voies romaines. — Mares.* — Nous avons découvert, sur notre territoire, les vestiges de plusieurs voies romaines.

La première se détachant de la chaussée de Langres à Bâle, au sud de Chaudenay, allait de l'ouest à l'est, par Rougeux et Charmoy, traversait le vallon de Pierrefaite, touchait l'extrémité nord de ses terres, gagnait l'ancien Montesson, puis Ouge et *Biémont* (via montis), *Vitrey* (via strata), pour rejoindre Port-sur-Saône.

La deuxième voie, partant de Bourbonne, venait par Guyonvelle et Laferté, coupait à Montesson la ligne précédente et s'avançant à l'est de Pierrefaite par les lieux dits *La Brosse*, *Corps-Marchais*, le *Châtelet*, les *Serqueux*, les *Mouillières*, le *Chânois*, elle rencontrait la levée de Langres au Rhin et se bifurquait, à gauche sur Bourguignon et Morey par Broncourt et Pressigny ; à droite, probablement sur Frettes par Genevrières, où l'on a découvert un tronçon de chemin dans la direction du sud au nord.

Une troisième ligne indiquée par M. Pistollet, dans sa carte des voies romaines, comme venant de Lavernoy, serait celle qui, passant au finage de Pierrefaite, contrée du *Bois-des-Côtes*, aboutissait au point de bifurcation de la route précédente, avec laquelle elle se confondait.

Sur le parcours de ces chemins on compte treize mares ou *Marchais*. Leur existence n'est pas un fait particulier à notre village. On en trouve un grand nombre d'autres dans les environs. Ce sont des cavités creusées dans le sol, à ciel ouvert, affectant généralement la forme circulaire. Leur diamètre est variable, sans dépasser chez nous trente mètres, leur profondeur moyenne est de 1m50. Nous en avons qui conservent de l'eau toute l'année, plus ou moins, suivant les saisons. Les mares n'ont jamais offert aux investigations de ceux qui les ont étudiées que quelques chênes à l'état brut, devenus noirs comme l'ébène sous l'eau et dans la vase. On en a débité en planches, que les menuisiers utilisent à orner les meubles de filets et d'incrustations (1).

Les opinions sont partagées sur l'origine et la destination de ces mares.

Les uns pensent qu'elles remontent à une époque antérieure à l'occupation des Gaules par les Romains ; les autres, considérant qu'elles avoisinent toujours les voies romaines, présument qu'elles sont moins anciennes et les attribuent aux Barbares des Invasions. D'après ces deux sentiments les mares servaient d'habitations à des hommes et les chênes d'appui à la couverture de leurs cabanes.

Nous avons exposé dans l'histoire de la *Vallée de l'Amance* les graves objections que soulève cette opinion, et nous avons donné les raisons qui nous font rapporter de préférence les *Marchais* aux Romains eux-mêmes, qui auraient disposé ces cavités dans le but de réunir et de

_____

(1) Nous en avons fait nous-même employer.

conserver les eaux pluviales pour les divers besoins de leurs armées. On explique ainsi, disions-nous, leur nom d'*Abreuvoirs de César*, leur présence sur les hauteurs et leur multiplicité aux alentours des lieux où s'arrêtaient les troupes (1).

3. *Montesson ; ses antiquités.* — L'histoire de Montesson se rattachant à celle de Pierrefaite, nous plaçons ici ce que nous savons de ses origines.

Le village actuel de Montesson n'est pas ancien (2). Il a été bâti sur la hauteur ouest de son premier emplacement, dont il n'est séparé que par un court et étroit vallon. Le *vieux* Montesson a été, paraît-il, le séjour des peuplades primitives. On y a découvert une belle hache en pierre polie verdâtre et, sur aucun point du territoire, on ne rencontre les objets en silex éclaté que nous y avons ramassés en grand nombre. Sous les Romains, ce lieu, placé à l'intersection de deux voies, aurait servi d'étape aux troupes venant de Langres, de Champlitte, de Morey, de Port-sur-Saône, de Bourbonne ; de là son nom de *Montis Statio*, Station de Mont, transformé par syncope et par corruption en *Monstatio*, *Montaisson*, *Montesson* (3).

Montesson ou *Mont*, comme on disait jadis par abréviation, s'étendait en partie sur le flanc de la colline regardant le couchant. Une source voisine lui fournissait une eau abondante, précieux avantage sur sa nouvelle position, où il n'a que des puits pour s'abreuver. Le campement (4), dans la plaine au sud, était pourvu de huit mares qui, en procurant de l'eau à la cavalerie, facilitaient le service et obviaient à la difficulté de des-

---

(1) Les preuves d'induction que nous opposent nos adversaires, prises à d'autres mares que celles de notre région, ne nous ont pas convaincu, et nous gardons notre opinion.

(2) Les parties de fossé que l'on remarque à l'extrémité nord du village, lieu dit *Le Château*, sont de construction moderne.

(3) Dans une liste des Croisés on lit le nom de *Rogerius de Monte-Melis*, que l'on traduit par *Roger du Mont-du-Taisson*, c'est-à-dire du *Blaireau*, et un auteur manceau *(pays de Mans)* a adopté ce sens comme étymologie d'un autre Montesson ; mais il ne peut convenir au nôtre.

(4) Ce camp volant était protégé par un fossé, dont on remarque encore quelques vestiges.

cendre à la rivière, la vallée de l'Amance n'étant alors qu'un marécage inabordable, la plus grande partie de l'année.

Depuis un siècle passé les ruines de l'ancien Montesson ont complètement disparu. Peu à peu les habitants du nouveau village en ont enlevé les meilleurs matériaux, qu'ils employèrent dans la construction de leurs maisons, de leurs fours, et la culture a nettoyé le terrain. On regrette que personne n'ait eu l'idée de recueillir et de collectionner les antiquités que l'on y a découvertes, particulièrement au lieu dit *Le Trésor ;* telles que clés en cuivre et en or, mosaïques, médailles et monnaies. Tout a été dispersé ou vendu à vil prix. Il ne nous reste que quelques monnaies de cuivre, d'invention récente, une pièce d'argent d'Alexandre Sévère, trouvée en juin 1890, et les débris d'un tombeau, dans lequel était un fer de lance. Cependant, le sol n'ayant été jusqu'ici remué qu'à la surface, il faut espérer que des fouilles intelligemment conduites viendront, un jour, jeter de nouvelles lumières sur cette intéressante localité.

On a aussi retiré de la terre une cloche, une meule de moulin et naguère, sur le bord du ruisseau qui coule au pied de la colline, une pierre transparente comme l'albâtre, taillée sur toutes ses faces et représentant une chasse à courre. On y voit de nombreuses figures d'hommes et d'animaux, des cavaliers armés de fusil et, dans un angle, un abbé assis, portant la crosse et la mitre, qui semble sommeiller. La châtelaine, sur sa haquenée, préside à ce divertissement.

Montesson a donc subi des fortunes diverses selon les temps. Détruit lors de l'invasion des Barbares, il se sera relevé à l'appel des rois de France ordonnant aux seigneurs de s'opposer aux incursions des Normands ; mais tombé de nouveau, il n'eut pas, dans la suite, le mérite d'abriter le plus petit seigneur féodal, dont les vieux titres nous aient transmis le nom (1).

_____

(1) De nos jours, les descendants de ceux qui, avant 1789, se disaient seigneurs de Montesson, ayant voulu ajouter à leur nom ce titre nobiliaire, M. le vicomte de Montesson le leur fit interdire, par deux sentences rendues au Palais de Justice, à Paris.

A quelle époque eut lieu sa suprême destruction ? Une tradition vague l'attribue à une comtesse du voisinage ; une autre plus précise indique la fin du XVIᵉ siècle et lui donne pour cause les guerres de religion. Sa ruine fut entière et, après ce désastre, les habitants, au lieu de relever leurs maisons renversées, préférèrent transporter leurs pénates en un endroit plus central de leur finage.

Les deux vallons qui sont, l'un à l'est, l'autre à l'ouest de Montesson, ont aussi fourni des antiquités.

Dans le premier, territoire d'Ouge, un individu de cette localité, en piochant dans son champ, au-dessus des vignes de *Rot-de-Bos*, avait eu la bonne fortune de tomber sur toute une richesse archéologique, composée de médailles petit bronze, à l'effigie de plusieurs empereurs et impératrices et appartenant toutes au IIᵉ et IIIᵉ siècle. Elles n'eurent pas un meilleur sort que celles trouvées à Montesson. L'inventeur les vendit à un juif au prix du métal.

Dans le vallon à l'ouest, en haut des vignes de *Champfort*, commune de Pierrefaite, un cultivateur, au commencement de ce siècle, butta le fer de sa charrue contre une pierre munie d'un anneau, sous laquelle il ramassa quelques pièces d'or, qu'il vendit quatre-vingts francs. Si la description qui nous en a été faite est exacte, ces pièces, quoique antiques, étaient d'une date postérieure à l'occupation romaine. On voyait encore, il y a quelques années, en cet endroit, les restes d'anciennes constructions.

Il est à présumer que ces lieux, situés à l'entrée de nos vallons, ont fait partie, avec Montesson et Laferté en face, d'un système de défense de la vallée de l'Amance.

CHAPITRE II

La Seigneurs de Pierrefaite

*Les seigneurs dominants. — Les seigneurs de fief. —
Maison de Fouvent. — Les Vergy. — Les seigneuries
de Vergy et de Ray à Pierrefaite. — Vente des deux
domaines. — Les nouveaux propriétaires. — Château
ancien, château nouveau. — Famille de Minette de
Beaujeu.*

Au déclin de la race carlovingienne, c'est-à-dire sur la
fin du IXᵉ siècle et au commencement du xᵉ, la faiblesse
de nos rois avait laissé passer la plupart des terres, des
villages et des villes, aux mains d'un petit nombre de
propriétaires, qui s'érigèrent en maîtres à peu près
absolus sur leurs domaines. On les désigna sous le nom
de *seigneur*.

Mais ces grands propriétaires s'étant dessaisis de quelques parties de leurs biens et de leur pouvoir en faveur
d'autres individus, ceux-ci prirent aussi le nom de
seigneur, en l'accompagnant d'une épithète, qui indiquait
leur dépendance et l'origine de leurs bénéfices.

Il y eut ainsi, dans la juridiction seigneuriale, plusieurs
sortes de seigneurs, et leur titre variait avec leur mode de
possession.

On distinguait le *seigneur de fief* ou *seigneur servant*,
lequel était le *vassal*, le subordonné d'un supérieur, de
qui il tenait ou était censé tenir son héritage noble. Il
avait le domaine utile des biens concédés, en était le vrai
propriétaire et pouvait même, par un nouveau morcel-
lement, se créer des vassaux à lui, mais il était tenu de
rendre hommage, d'engager sa foi, de fournir le service
militaire, et plus ordinairement des redevances en nature,
à son seigneur *direct*, *dominant* ou *féodal*.

Le *suzerain* avait des vassaux et des arrière-vassaux.
Sa qualité ne l'exemptait pas d'être parfois le vassal d'un

autre seigneur, même moins puissant que lui, et, au milieu de cet enchevêtrement de droits et de devoirs multiples, se dressait une échelle hiérarchique régulièrement établie, au haut de laquelle était le roi, chef suprême de ce gouvernement, dont les derniers vestiges ne devaient disparaître que dans la célèbre nuit du 4 août 1789.

Quant aux seigneurs de *franc-alleu*, ils ne relevaient que de Dieu et de leur épée ; leurs terres étaient indépendantes et libres. Très nombreux à l'origine de la féodalité, ces seigneurs n'étaient pour la plupart que de petits propriétaires, incapables, dans ces temps de force brutale, de faire respecter leurs droits. Contraints de se placer, au moyen de la *Recommandation,* sous la protection des grands barons, ils ne furent plus que de simples vassaux.

Ces notions sommaires étant suffisantes pour notre récit, nous divisons l'histoire de la seigneurie de Pierrefaite en trois époques, correspondant à trois modes de possession.

Dans la première époque, qui s'étend du XIIᵉ au XIVᵉ siècle, la terre a des seigneurs dominants et des seigneurs de fief.

Dans la deuxième, de la fin du XIVᵉ siècle au commencement du XVIIᵉ, l'héritage, recueilli par les seigneurs dominants, se partage en deux seigneuries distinctes.

La troisième époque comprend la vente du domaine, l'introduction de nouveaux propriétaires et, enfin, la réunion des biens et des droits dans la même famille.

PREMIÈRE PÉRIODE

(Du XIIᵉ au XIVᵉ siècle)

Les seigneurs dominants. — Les seigneurs servants

§ 1ᵉʳ. — LES SEIGNEURS DOMINANTS

Pierrefaite relève, au XIIᵉ siècle, de deux seigneurs dominants : l'évêque de Langres et le sire de Fouvent.

Les évêques de Langres ne possédèrent ni biens ni revenus dans le pays, mais leur suzeraineté sur le fief remonte à la plus haute antiquité, et les maîtres du domaine leur ont constamment rendu foi et hommage jusqu'à 1789.

Les sires de Fouvent, puis les Vergy qui succèdent, par alliance avec les premiers, sont plus particulièrement mêlés aux affaires civiles de la seigneurie. Il est nécessaire de les faire connaître.

I. *Maison de Fouvent.* — Cette famille était très ancienne et connue avant l'an Mil. Elle réunit sous sa dépendance plus de soixante villages. Nous ne savons à quelle époque ni comment Pierrefaite y est entré. Peut-être a-t-il formé avec Montesson et Ouge un franc-alleu (1), comme les trois n'ont constitué qu'une paroisse et, après la chute de Montesson, le maître qu'avait reçu Pierrefaite, déjà vassal de l'évêque de Langres, se serait encore placé sous le patronage du seigneur de Fouvent, le plus important baron de la contrée.

D'après le généalogiste Duchêne, Gérard Ier, comte de Fouvent, vivait en 990, et laissa, à sa mort, deux fils : Gérard et Humbert.

Gérard II épousa dame Gertrude, avec laquelle il édifia, en 1019, un monastère en l'honneur du Saint-Sépulcre et de Notre-Dame, devant son château de Fouvent. La chronique lui donne le titre de très illustre comte.

A Gérard II succéda son frère Humbert, 1040. Il eut pour fils, Gérard, 3e du nom, comte de Fouvent, 1066. Celui-ci maria sa fille avec Arnoult, comte de Reynel, et c'est de cette union que vint la parenté qui existe, au XIIIe siècle, entre le comte de Fouvent et le sire de Pierrefaite.

L'an 1070, environ, Humbert II, frère de Gérard III, est tué en guerre, pour le service de l'évêque de Langres, son suzerain (2). Son corps fut inhumé à l'abbaye de Bèze.

----

(1) Il est certain qu'Ouge était anciennement de franc-alleu.
(2) Le baron de Fouvent était l'un des quatre grands vassaux de l'Evêque de Langres, qui devaient lui faire cortège, lors de sa première entrée dans la ville.

Humbert III, dit *Le Roux*, fils et successeur du précédent, est comte de Fouvent de 1130 à 114?. A cette époque, apparaissent dans les titres les premiers seigneurs de Pierrefaite.

Guy, frère d'Humbert III, lui succède. Il a pour fils et héritier, Gérard, 4ᵉ du nom, vers 1160. Gérard épousa Clémence, fille de Richard, seigneur de Montfaucon et de Sophie de Montbéliard. Il prit la croix, en 1170, et ne revint pas de son expédition. Son fils, Humbert IV, laissa en mourant un fils, Henri, qui épousa Agnès, de laquelle il eut quatre enfants, de 1190 à 1201. Deux moururent en bas-âge, Anselme fut chanoine de Langres et Clémence, la plus jeune, seule héritière, épousa Guillaume de Vergy, 1ᵉʳ du nom, sénéchal de Bourgogne, sire de Mirebeau et d'Autrey.

II. *Les Vergy.* — Cette maison était l'une des plus illustres de la Bourgogne. Son nom lui vint d'un célèbre château de ses domaines, bâti en forme de navire sur le sommet d'une montagne escarpée, près de Nuits. Ce château, dit Duchène, était un lieu fort et imprenable dans ce temps. Il a été détruit par Henri IV, en 1609. La famille de Vergy était d'une telle prééminence, qu'elle s'unit à la maison ducale de Bourgogne et fut alliée à la race royale (1).

Guillaume Iᵉʳ de Vergy mourut en janvier 1240, laissant son fils, Henri, sous la tutelle de sa veuve, Clémence. Nous la verrons intervenir dans les affaires de notre seigneurie.

Henri Iᵉʳ de Vergy, sénéchal de Bourgogne, comte de Fouvent, épousa, en 1248, Elisabeth, sœur de Jean, sire de Ray. Il mourut, le 27 octobre 1258, et fut inhumé à l'abbaye de Cherlieu. Il laissait trois fils : Guillaume, Jean et Henri.

Guillaume II succéda à son père dans tous ses biens et titres. Il trépassa, l'an 1272, sans enfants, et son frère, Jean, hérita ses domaines.

---

(1) Les armes de Vergy étaient : *de gueules à trois roses d'or.* — En démolissant la vieille église de Fays-Billot, en 1867, on a trouvé dans le mur d'une travée un sceau en bronze de Guillaume Iᵉʳ de Vergy. *Bulletin de la Société historique et archéologique de Langres*, T. II, p. 48.

En cette même année, 1272, Jean de Vergy entre en foi et hommage de Henri-le-Gros, roi de Navarre, comte de Champagne, pour Pierrefaite et Montesson.

Par cet acte, Henri déclare qu'il a reçu à « home lige, amé et féal Jehan, de Montaisson et de Pierre-ficte », pour les fiefs, arrière-fiefs et dépendances, en bois, plaines, rentes et autres biens présents et à venir, comme accroissement du fief que Jean tenait de lui, savoir, ce que ses pères « souloit avoir à *Montaignon !!* »

Il fut convenu que, pour cette ancienne reprise, Henri continuera à payer chaque année, au jour de la foire de Bar, quatre-vingts livres tournois ; quant à celle de Pierrefaite et de Montesson, il verse cinq cents livres, dont Jean de Vergy lui donne quittance, le jeudi après la Décollation de Saint-Jean.

De son côté, le sire de Vergy s'oblige et oblige avec lui ses héritiers, à perpétuité, à rendre foi et hommage au comte de Champagne et à ses successeurs, sauf la ligité de l'évêque de Langres et du comte de Bourgogne (1).

C'est ainsi que Pierrefaite est entré dans la Champagne, en attendant qu'il passe avec elle dans le domaine royal.

Jean de Vergy mourut en 1310. Son fils, Henri II, surnommé le *Père des pauvres*, eut pour successeur, en 1335, Jean II, dit *Le Borgne*. A la tête de quarante hommes d'armes, il mit son épée au service du roi de France contre les Anglais (1350-1353). Il laissa, à sa mort, cinq enfants, sous la tutelle de Gille de Vienne, son épouse. Jean, l'aîné, devint seigneur de Champlitte et de Fouvent ; Jacques fut sire d'Autrey ; Guillaume, archevêque de Besançon ; Marie épousa Jean de Coligny d'Andelot, et Guillemette, Henri de la *Roche*, sire de Villersexel.

Nous dirons à la suite de quels évènements les deux premiers recueillirent la seigneurie de Pierrefaite.

§ 2. — LES SEIGNEURS SERVANTS

1. *Gilbertus*. — Le premier seigneur connu de Pierre-

---

(1) Archives de Dijon.

faite, nommé Gilbert, figure comme témoin dans un acte de donation faite par Gui de Bourbonne à l'abbaye de Vaux-la-Douce, vers l'an 1140 (1). Il épousa Grossedame, fille du seigneur d'Ouge. A cette époque, Ouge appartient à Gui et à Gérard, son frère. Gui eut pour enfants, Milon, qui fut seigneur de Rosoy, Gui, Vastel et Clémence. Gérard lui succède et laisse, en mourant, quatre fils. Thierry, l'un d'eux, devint curé-doyen de Pierrefaite.

2. *Guillelmus.* — Guillaume, fils et successeur de Gilbert, est sire de Pierrefaite, vers 1175.

L'abbaye de Beaulieu venait de naître. Luc, abbé de Cherlieu, en avait jeté les fondements, l'an 1166, au pied du *Mont-Refroid,* sur un terrain que lui avaient donné les chanoines de Langres, à condition qu'il y établirait un monastère de l'Ordre de Citeaux, et il l'avait peuplée d'une colonie tirée de sa communauté (2). Beaulieu prit un accroissement rapide et ses propriétés touchèrent bientôt au domaine des sires de Pierrefaite, qui eurent avec les religieux de fréquentes relations.

L'an 1179, Guillaume assiste avec son oncle Thierry, curé-doyen, au serment que Théodore de Sauvement prête sur l'autel de Cherlieu, en garantie de l'abandon qu'il fait à Beaulieu de ses dîmes de Montrefroid, contre vingt livres langroises que lui versent les moines.

Dans le courant de la même année, Guillaume donne, avec l'assentiment de son épouse, aux frères de Beaulieu, un pré au bas de Maizières, le droit de pâture dans ses prés de *Bergères* et, sur ses terres, le long du ruisseau de *Velars.* Il renonce, en outre, aux prétentions qu'il élevait sur la grange de *Charme* (Charmoy) et sur les dîmes de *Moython.*

Guillaume mourut au commencement du XIIIᵉ siècle, laissant deux filles mariées : l'une à Richard, sire de Dampierre ; l'autre, au chevalier Arnoult de Reynel. La

(1) Voir notre histoire de l'Abbaye de Vaux-la-Douce, dans les *Mémoires de la Société historique et archéologique de Langres.*
(2) Voir dans l'histoire de la *Vallée de l'Amance* un extrait de notre histoire inédite de l'abbaye de Beaulieu.

seigneurie appartint sans partage à ce dernier, et elle atteignit sous lui son plus haut point de prospérité.

3. *Arnoult de Reynel.* — On a dit que, dans la famille de Reynel, les aînés portaient tous le nom d'Arnoult. Si cette assertion est exacte, il faut supposer que de graves évènements déterminèrent notre chevalier à quitter le manoir de ses ancêtres pour venir habiter Pierrefaite avec sa mère, Gertrude, et sa sœur, Adeline.

Il n'est pas sûr qu'il y ait fait construire un nouveau château, comme on le dit, en donnant à un texte une interprétation risquée ; mais il éleva des ouvrages de défense, restaura et agrandit les bâtiments, dans lesquels il édifia une chapelle, qu'il pourvut d'un chapelain.

Le domaine comprenait Pierrefaite et son finage ; Charmoy et la partie nord de ses terres ; *Bergères* dans la vallée de l'Amance, avec une partie de la prairie jusqu'au bas de Montesson. Le seigneur avait aussi des biens sur Maizières, le droit de gîte et de garde à Rosoy, etc.

Arnoult était pieux et libéral ; mais avant d'être un de ses principaux bienfaiteurs, il eut avec Beaulieu une longue et vive discussion d'intérêt. Se prétendant le seul et unique maître de Charmoy, il en avait exercé les droits depuis son entrée dans le fief, tandis que les moines en revendiquaient la moitié des hommes, munis qu'ils étaient du titre de donation, par lequel l'abbé Luc leur avait transmis la grange de *Charme*. Pour terminer le différend, les parties convinrent de se présenter devant l'Officialité de l'évêque de Langres, où il fut donné gain de cause à Beaulieu. En réparation des dommages causés, Arnoult était condamné à lui restituer vingt-deux livres, en quatre annuités. Robert de Pacy, official, rédigea l'acte d'accommodement, que l'évêque Guillaume II, absent en ce moment, confirma l'année suivante, 1215.

En même temps, les religieux avaient exigé d'Arnoult une pleine et entière reconnaissance de toutes les libéralités qu'ils avaient reçues de son beau-père, Guillaume ; sage précaution, qu'ils ne négligeront pas de prendre désormais à chaque changement de titulaire dans la seigneurie, afin d'éviter les tracasseries qu'aurait pu leur susciter un héritier brouillon. Notre chevalier ne se contenta pas de leur accorder cette satisfaction, il y ajouta le droit de pâture sur toute la contrée de *Velars*.

Quinze ans plus tard (1229), sa générosité se distingua même jusqu'à dépasser les bornes de la prudence. Pour le mérite de son âme et le repos de ses morts, il donne, sans redevance, à Beaulieu, un endroit sur Velars, appelé *Chênée-ronde*, la source *Errard* qui y coule, des champs pour une charrue et la vaine pâture sur Pierrefaite, depuis Velars jusqu'au fond du vallon, au-dessous de la *Maladière*, et depuis le chemin qui va à Fays, en descendant par le moulin *Villery*. Ses sujets, dont il réserve les droits sur l'abandon qu'il fait, ne pourront rien céder à Beaulieu, sans l'aveu de leur seigneur (1).

Cette importante donation permettait aux moines de conduire leurs troupeaux jusqu'au pied du château. Ils bâtirent, sur Velars, une ferme, qui devint florissante. On l'appelle plus communément *Saint-Renobert*, nom venu de la petite chapelle qu'ils construisirent à côté, sous ce vocable.

A la vente des biens du clergé (1791), M. Nicolle de Pressigny, administrateur du district de Bourbonne, se rendit acquéreur de la ferme de Velars, comprenant la maison d'exploitation, cent trente journaux de champs et vingt fauchées de pré, pour la somme de 20.000 livres (2). Sa fille l'hérita en partage et elle laissa les habitants de la commune de Charmoy, dont Velars dépend, continuer leur pieuse coutume de se réunir, comme avant la Révolution, plusieurs fois à la chapelle pendant l'année, pour y entendre la messe. Au mois de juin, ils amenaient leur gros bétail dans le pré voisin, où il leur était permis de couper un peu d'herbe, qu'ils présentaient avec leurs animaux à la bénédiction du prêtre. En 1819, la ferme ayant été incendiée, le nouveau propriétaire profita de la circonstance pour mettre fin à cet usage. La chapelle fut convertie en fournil et la statue de saint Renobert, trans-

---

(1) Archives de Chaumont.
(2) On dit encore aujourd'hui que la somme, payée en assignats, représentait à peine la valeur d'une médiocre paire de bœufs.

portée à l'église de Charmoy. Le tabernacle en pierre, avec dôme et colonnettes en marbre, était religieusement conservé dans une des chambres de la ferme ; mais, en 1883, un nouvel incendie anéantit les bâtiments et le tabernacle vénéré fut si maltraité dans le déménagement, qu'il n'en resta plus que des débris.

Arnoult de Reynel laissa à sa mort deux enfants : Elisabeth et Simon.

4. *Simon.* — L'an 1246, Simon, successeur d'Arnoult, rend foi et hommage à l'évèque de Langres, pour sa terre de Pierrefaite et, en particulier, pour la chapelle que son père avait construite en son château. Dans cette intention, il se rendit à Mussy, où était l'évèque, et il y passa les fêtes de saint Pierre et de saint Paul. Après la cérémonie de l'hommage, Simon présenta à Hugues III le prêtre qui devait occuper la chapellenie vacante, en le priant de l'agréer. Sa demande fut exaucée.

En vertu de son droit de gîte et de garde, le sire de Pierrefaite prétendait venir loger à Rosoy avec toute sa suite, selon son bon plaisir. Les habitants contestèrent la légitimité d'une servitude aussi onéreuse. De part et d'autre l'on s'échauffait dans la discussion sans pouvoir s'entendre. Clémence, dame de Fouvent, interposa heureusement sa médiation et pacifia la querelle de la manière suivante : Simon conserve son droit de garde et, en compensation de son droit de gîte auquel il renonce, chaque *manant*, tenant feu et lieu à Rosoy, lui paiera, annuellement « doues gelines ». Le *maïeur* est rendu responsable de la rente.

L'an 1250, Parisel et Guillaume, fils de Princhinart de Charmoy, ayant abandonné à Beaulieu leurs propriétés sises devant la ferme de Velars, cette disposition ne sortit son plein effet, qu'après qu'elle eut été revêtue du consentement de Simon, conformément à la clause insérée dans l'acte de 1229.

L'accord de 1214, avons-nous dit, attribuait par moitié les habitants de Charmoy à Beaulieu et au sire de Pierrefaite ; mais voilà que, en 1252, un certain Humbertin, *goaigneur*, étant venu se fixer dans le village, avec sa femme et ses enfants, une nouvelle discussion s'éleva au sujet de cette famille, que chacun voulait avoir en sa complète possession. Tiraillé des deux côtés, le pauvre Humbertin était dans un grand embarras. On en fit le partage à l'amiable. Simon laissa le ménage à Beaulieu et il retint que, chaque année, au jour de la fête Saint-Remi, Humbertin lui devra « doues gelines come li aultre home de la vile le lui doive rendre, » et qu'il sera astreint, comme les autres habitants de Charmoy, à la garde de son château de Pierrefaite. A ces conditions, Humbertin et ses hoirs purent vivre en paix « perdurablement. »

Le sceau de Simon, dont l'empreinte est conservée aux archives de Chaumont, porte sur le champ deux écussons superposés et autour : *Simon sire de Pierre-ficte*. De ses deux mariages successifs avec Annette et Agnès, Simon eut neuf enfants : Gaucher, Barthellemy, Jeoffroy, Jeanne, Willers, Philippe, Alix, Annette et Vauthier.

5. *Gaucher*. — L'aîné de cette nombreuse famille succède à son père, vers 1265. Mais déjà la seigneurie est tombée en décadence. Malgré l'ordre et l'économie introduits par Simon dans la gestion de ses biens, elle ne retrouve plus son ancienne grandeur. Les dépenses d'Arnoult, ses prodigalités excessives ont à ce point appauvri sa maison que, pour obtenir un emprunt de quarante livres, environ sept cents francs de notre monnaie, Gaucher est obligé de donner en garantie à Beaulieu la vaine pâture de tout le fief. Ses frères se portèrent caution de la dette et des « desus dicte pasture vers totes gens. » La terre, grevée de cette hypothèque, ne devait redevenir franche et libre qu'après le remboursement intégral de la somme prêtée.

Nous pensons que Gaucher fit cet emprunt pour fournir à son équipement; qu'étant parti en guerre, l'année même, il ne revint pas de son expédition. Il ne laissait point d'enfants et son frère puîné hérita la seigneurie.

6. *Barthellemy*. — Il avait épousé Alix, de laquelle il eut une fille nommée Hugonnette.

7. *Hugonnette*. — Elle succède à son père vers 1336, ratifie les donations faites à Beaulieu par ses ancêtres et

2

prend avec les moines divers arrangements relatifs au bois *Chênée-ronde* (1).

Avec Hugonnette s'éteignit, au milieu des calamités qui s'abattirent sur la France à cette époque, la postérité d'Arnoult de Reynel. Le fief tomba en déshérance et les habitants furent placés sous la protection directe des seigneurs dominants.

DEUXIÈME PÉRIODE

(Du xive au xviie siècle)

Les Vergy. — Seigneuries de Vergy et de Ray

§ 1er. — LES VERGY

Dans une enquête, en date du 20 octobre 1398, sur les *villes* étant de la prévôté de Coiffy, bailliage de Chaumont, on lit : « Pierre-ficte, qui est à messires Jean et Jacques de Vergy, que les habitans d'icel, de nouvel, puis l'an 1390, se sont mis et tiennent, sous licence du roi, du bailliage de Sens en Bourgogne. » Et, dans une autre enquête, du 8 octobre 1399, il est dit : « Pierre-ficte, que tiennent Jean de Vergy et Jacques d'Autrey, est de fief de Fovenz, sortissant de Coiffy ; il sortit de Sens. »

Montesson est resté parmi les villages appartenant à la prévôté de Coiffy.

Nous avons vu que Jean et Jacques de Vergy étaient les fils aînés de Jean *le Borgne*. Jean continua la ligne directe ; Jacques fut le chef de la branche d'Autrey. Ils gardèrent Pierrefaite indivis et se partageaient les maigres revenus de cette seigneurie pauvre et dépeuplée.

Jean de Vergy, 3e du nom, mourut en 1418. Il avait eu trois fils. Les deux aînés, Guillaume et Jacques périrent

---

(1) *Archives de Chaumont.*

à la désastreuse journée de Nicopolis, 1396 ; mais Guillaume laissait un fils, Jean, qui fut appelé au partage de la succession de son aïeul, avec Antoine, son oncle paternel. Il eut d'abord Fouvent avec les fiefs de sa mouvance, et, après la mort d'Antoine, décédé sans enfants, ayant encore recueilli son héritage, il devint, sous le nom de Jean IV, possesseur d'une immense fortune. On le trouve mêlé aux grands événements de l'époque. Il mourut en 1460, sans descendants, et ses vastes domaines passèrent en grande partie à son cousin, Charles, sire d'Autrey.

Charles, 4e du nom, était le petit-fils de Jacques de Vergy. Sa sœur, Louise, surnommée d'Autrey, de sa mère, Marguerite d'Autrey, épousa Jean de Ray, damoiseau. Parmi les biens qu'elle apportait en dot se trouvaient Pressigny et la moitié de Pierrefaite revenant à la branche cadette. Par un traité du 9 mars 1421, elle donna quittance à son frère, Charles, de tous les autres meubles et immeubles, que son père avait laissés à sa mort.

La terre de Pierrefaite se trouva ainsi divisée en deux seigneuries distinctes de noms.

§ 2. — SEIGNEURIES DE VERGY ET DE RAY

1. *Seigneurie de Vergy.* — Charles IV, le principal héritier de la branche directe, n'eut qu'un enfant, Antoine, qui l'avait précédé dans la tombe. A sa mort, son cousin issu de germain, Guillaume, 4e du nom, descendant des Vergy Champvant par Pierre, 2e fils de Jacques, ramassa l'héritage des branches de Vergy et d'Autrey, dans lequel était Fouvent et, par suite, la moitié de Pierrefaite qui revenait à la branche aînée.

Guillaume releva au plus haut degré la maison de Vergy ; mais les grandes dépenses que lui occasionnèrent ses nombreuses expéditions le forcèrent à aliéner plusieurs de ses domaines. Dès l'an 1499, il avait engagé sa terre de Pierrefaite, qu'il retira toutefois, quelques années après, des mains de l'acquéreur. Il mourut en 1520.

Pressé à son tour par ses créanciers, Claude, son fils et son successeur, la revendit en 1532, par lettres patentes, sous le sceau de la Cour de Langres, à Nicolas de Sancey, écuyer, contrôleur, pour 2,500 livres, à charge de rachat perpétuel. En 1550, il reprit la seigneurie, désormais réduite à ses bois, et il resta à M. de Sancey une maison de ferme, 150 journaux de terre et plusieurs pièces de pré.

Nicolas de Sancey étant mort sans enfants, sa mère, Guillemette Pignard, veuve de Louis de Sancey, son héritière, employa les propriétés de Pierrefaite à la fondation, dans l'église Saint-Pierre de Langres, de la chapelle Notre-Dame-de-Pitié, appelée aussi Saint-Nicolas-au-bas-du-Crucifix et Saint-Nicolas-des-Fonts, à cause de la place qu'elle occupait dans cette église. Au xviiiᵉ siècle, on la nomme *Chapelle Bligny* (1), parce que les marquis de Bligny en étaient les collateurs, comme plus proches parents de la fondatrice (2).

Claude de Vergy mourut en 1560, à l'âge de 75 ans. Sa fille unique, Antoinette, dame de Fouvent, épousa, en secondes noces, Jean de Choiseul, baron de Laferté et de Lanque. Leur fils, Antoine II, fut tué dans les guerres de la Ligue, en 1593, et, sous son successeur, on vendit ce qui restait des biens et les droits de la seigneurie de Vergy, à Pierrefaite.

II. *Seigneurie de Ray.* — Guillaume, fils puiné de Jean de Ray, eut en partage Pressigny, Autoreille, Pierrefaite, etc. Il épousa Catherine de Vergy, fille de Pierre, second fils de Jacques d'Autrey. Un de ses fils, François, hérita Beaujeu, Pressigny, Pierrefaite, etc. De son union avec Jeanne de Roussillon naquit Anne, mariée avec Antoine Iᵉʳ de Choiseul.

Ce nouveau titulaire eut de longs démêlés avec les habitants de Pierrefaite placés sous sa seigneurie. Il les actionnait en paiement d'une taille de dix-huit, de vingt-deux et de vingt-cinq livres, qu'il prétendait avoir toujours

---

(1) *Champ-Bligny*, pour champ de la Chapelle-Bligny, nom d'un canton de terre à Pierrefaite.
(2) Louis de Sancey eut de son épouse Guillemette Pignard, deux enfants : Nicolas et Guillemette. Celle-ci épousa *Pierre Le Genevois*, seigneur de Bligny.

été levée sur eux et à laquelle ses sujets ne voulaient pas se soumettre. Il mourut, pendant que l'affaire était en appel devant MM. les Présidiaux de Sens.

François, son fils et son successeur, reprenant le procès, exigea des tenanciers de l'une et de l'autre seigneuries une reconnaissance et déclaration de ses droits et des leurs. Elle lui fut présentée, le 27 août 1575, mais il la rejeta, comme ne faisant point mention de la taille réclamée, et il obtint le renvoi de la cause devant le Lieutenant au siège royal de Langres (1), où il espérait la faire réformer. De leur côté, les habitants s'obstinaient à nier qu'ils eussent jamais payé une taille au sire de Ray.

« Sur lesquels différens étoient les deux parties en voye de tomber en grande involution de procès et dépens de grands deniers, mais considérant que paie est plus décente entre seigneur et sujets ont transigé et traité pour eux et leurs successeurs seigneur et habitans dorénavant et pour toujours à jamais comme suit. »

« Tous et un chacun tenans feu et résidans audit Pierre-faite soit sous l'une ou l'autre seigneurie, ou bien tenans et possédans terre et autres héritages sous la justice dudit seigneur de Pressigny à Pierrefaite, seront tenus et un chacun d'eux payer particulièrement et un chacun jour Saint-Remy la somme de cinq sols, payables ès mains du seigneur ou de son receveur-commis, à peine de trois sols d'amende. »

« Et pour les dommages-intérêts et arrérages du passé, pour la taille prétendue et non payée, ensemble pour les dépens du procès, les habitans ont promis payer audit seigneur la somme de deux cens écus sols en deux paimens savoir : le premier d'aujourd'hui en trois semaines et le dernier au jour Saint-Jean prochain. »

Cette transaction, que reçut le notaire Sirejean, fut signée par les parties, le 15 février 1578. Étaient présents à sa rédaction Jean Pingenet, praticien à Langres ; J.

(1) Ce ne fut qu'en 1640 que le roi établit un bailliage et siège présidial à Langres. Jusque là, Langres dépendait du bailliage de Sens, et un lieutenant des baillis de cette ville venait y administrer la justice.

Ralin, dit de *Vienne*, écuyer demeurant à Pierrefaite ;
Antoine Michelin, dit *Sabigan*, homme des ordonnances
du roi à Pressigny.

La déclaration des habitants fera désormais loi dans le
pays, et F. de Choiseul l'employa à la confection de son
terrier. Elle nous fait connaître quels étaient les biens et
les droits des seigneurs de Vergy et de Ray, à cette époque.

Ils jouissent l'un et l'autre des mêmes prérogatives et
ils ont :

1° La justice haute, moyenne et basse (1), avec un signe
patibulaire distinct (2) ;

2° Tous les officiers de justice : *mayeurs*, juges, lieutenants, greffiers, procureurs, qui prononcent indistinctement leur sentence dans tous les procès, tant au civil
qu'au criminel.

Les délits et les crimes commis sur une terre commune
aux seigneurs sont informés par les officiers auxquels on
a donné la préférence, mais le procureur de l'autre
seigneurie peut s'adjoindre à eux et partager les amendes.

Lorsqu'un animal a causé du dommage *par échappée*,
son maître n'est passible d'aucune amende, à moins qu'il
n'y ait eu de sa part dénégation, contestation ou défaut
en justice ; dans ce cas, il doit cinq sous. Si l'animal
était *sous garde*, l'amende peut s'élever jusqu'à soixante
sous ;

3° Le four banal est commun entre les seigneurs. Les
habitants, obligés d'y cuire leur pâte, donnent un pain
sur vingt-quatre ;

4° Tout individu qui habite le domaine et y fait sa
résidence habituelle doit, annuellement, une poule, le
jour de « *Carmentran* (3) » et ce, pour ses met, ménager,
jardin, propres aysances et appartenances à l'entour; »

---

(1) Le droit de *haute, moyenne et basse justice* consistait à connaître de toutes les causes civiles et criminelles, excepté les cas
royaux, depuis les amendes de simple police jusqu'à la peine capitale.

(2) Le signe patibulaire du sire de Vergy était dressé à l'extrémité
sud de son principal domaine, lieu dit *Les Fourches*. Celui du
seigneur de Ray plus rapproché du village a donné à la contrée le
nom de *La Potence*. Ils étaient l'un et l'autre à côté du chemin de
Pierrefaite à Broncourt.

(3) *Carmentran*, entrée en Carême.

5° Toutes les terres du finage, à l'exception de celles qui sont renfermées dans l'enceinte formée par les croix du village, sont assujetties au droit de dîme et de rente, à raison de treize gerbes l'une, *sans recompte* (1). Le curé en prend la moitié ; l'autre moitié se partage entre les seigneurs. Les habitants paient ces gerbes dans leurs granges, sans être tenus d'appeler ni d'attendre le décimateur ou son fermier. La dernière voiture de chaque espèce de graine est exempte de la redevance. Le millet, les chènevières et autres « *enguinages* » (2) ne sont pas soumis à la dîme.

Les seigneurs tiennent en commun les bois : *Champclos* et la *Verde*.

Le sire de Ray possède en propre, dans la plaine : la *Voie de Broncourt*, les *Côtes*, etc. ; dans la prairie : le *Breuil de Ray*, *Bergères*.

Au seigneur de Vergy sont les bois *Mouillières*, *Chânois*, *Fenny*, *Vaux-Martel*, *La Reine* (3).

———

TROISIÈME PÉRIODE

(De la fin du xvi⁰ siècle à 1789)

Vente des seigneuries de Vergy et de Ray. — Les nouveaux propriétaires. — Réunion des deux domaines entre les mains de la famille de Minette de Beaujeu.

§ 1ᵉʳ. — VENTE DES DEUX SEIGNEURIES

A la suite des guerres civiles et religieuses qui troublèrent si profondément le royaume au xvie siècle, et des

———

(1) On appelait *sans recompte* les gerbes qui, sans atteindre le nombre treize, restaient sur le chariot, après le prélèvement de la dîme. On n'en tenait pas compte pour les voitures suivantes.
(2) *Enguinages*, récolte des cultures dérobées.
(3) Archives de la commune de Pierrefaite.

agitations causées par la turbulence des nobles, sous la minorité de Louis XIII, nous assistons à la décadence des antiques et puissantes familles de Fouvent, de Vergy, de Choiseul. Leurs vastes possessions se démembrent et leurs terres sont livrées aux enchères. Sur les ruines de ces illustres maisons s'élève une noblesse de second ordre, composée de légistes, de courtisans, d'hommes d'épée, gentilshommes de campagne, qui mènent sur leur modeste domaine une vie paisible et laborieuse.

I. *Seigneurie de Ray.* — François de Choiseul mourut en 1582. Il s'était fait protestant, et à soutenir la cause de son parti il perdit le plus clair de sa fortune. Son neveu, Antoine II de Choiseul, épousa, en 1583, Philippe, fille de Nicolas de Choiseul-Ische. Il fut tué dans les guerres de la Ligue en 1593. Il laissait deux fils. Le plus jeune, Henri, eut la baronnie de Laferté, Pressigny, Pierrefaite, etc. A la mort de son frère, David, seigneur de Lanque, arrivée en 1621, il vendit la seigneurie de Pressigny à Jules de Bollogne, gouverneur de Nogent, et celle de Ray à Pierrefaite, à Odot Chevillot, avocat au Parlement de Dijon.

La famille Chevillot est originaire de notre localité. Antoine, père d'Odot, fonda dans notre église, par son testament du 10 décembre 1616, avec Jeanne Peltier, son épouse, les Heures-de-la-Croix, pour être chantées, chaque vendredi de Carême, à quatre heures après-midi, et une messe basse, chacun des vendredis des Quatre-Temps. Il spécifiait, en outre, sa volonté d'être enterré dans le tombeau de ses ancêtres, au pied de la croix qu'il avait fait ériger sur le cimetière (1).

Odot Chevillot épousa Huguette Morlot et il n'eut d'elle qu'une fille, Pierrette, mariée, en 1637, à André Garnier, seigneur de Ternant et autres lieux (2).

Denis Garnier, père d'André, procureur aux Parlement

---

(1) Cette croix n'avait rien de remarquable. Elle a été remplacée, en 1880, par une croix plus élégante, au moyen d'une souscription ouverte dans la paroisse par les soins de M. Courtot, curé. On en a conservé le socle, où sont inscrites les clauses de la fondation.
(2) La famille Chevillot s'était retirée à Dijon, à cause des guerres.

et Chambre des Comptes de Dijon, avait acheté, en 1586, du sieur Marlet, la moitié de la seigneurie dite de *Ternant, Beuvy, Sernecy, Quemigny* et *Prenelle*, villages et lieux situés dans l'arrondissement de Dijon ; mais le procès qu'il eut à soutenir contre le Chapître de Saint-Denis de Nuits, possesseur de l'autre moitié, l'avait empêché de faire reprise de fief, jusqu'à l'année 1616 (1).

André de Ternant devint conseiller et maître d'hôtel ordinaire du roi, colonel général des gardes de sa Majesté, de ses camps et armées. Il devait cette haute situation à la protection de son tout-puissant ami, le surintendant Fouquet. Mais la fortune d'André n'était pas de taille à lutter en magnificence avec celle du célèbre ministre. Pour subvenir à ses folles dépenses, il hypothéqua ses biens, et après la disgrâce de Fouquet, ses créanciers obtinrent du Parlement de Dijon un décret de vente de sa terre de Ternant. Elle fut adjugée, le 20 octobre 1672, à Louis Pélissier, sire de Montpellier, déjà acquéreur de l'autre moitié de la seigneurie (2).

De son union avec Pierrette Chevillot, André Garnier eut une fille, Jeanne, qu'il maria, en 1667, à Jacques de Minette. Lorsqu'il eut perdu toute sa fortune, M. de Ternant, séparé de sa famille, lui suscita toutes sortes de tracasseries. Etant parvenu à soutirer des habitants de Pierrefaite une déclaration des biens et des droits de la seigneurie de Ray, qui était la dot de son épouse, il prétendait en toucher les revenus. Pour empêcher cette entreprise, M. de Minette acquit la créance que noble Jean-de-la-Croix avait sur son beau-père, et il obtint aussi un décret de vente du domaine. L'adjudication s'en fit à Langres. Par l'entremise de son procureur, Thomas Gautherot, M. de Minette racheta le tout pour le compte de son épouse, Jeanne Garnier, et, le même jour, il rendit foi et hommage à Mgr Louis-Marie-Armand de Simiane de Gordes, reconnaissant que son fief était mouvant de lui, à cause de son Évêché et de son Duché. Le dénombrement

(1) Archives de Dijon.
(2) Archives de Dijon.

qu'il fournit à cette occasion mentionne, en outre des biens que nous avons indiqués plus haut, le moulin *Jean* avec son étang, la fontaine du *Charme*, la ferme du moulin, une maison de trois châatz dans la grand'rue du village, la *Tour*, et, en face, une maisonnette et son petit jardin ; 150 journaux près du ruisseau de Velars, appelé aussi *Menotte* ou *Minuit*, etc. (1).

II. *Seigneurie de Vergy*. Elle appartient, en 1616, à Richard Bourrelier, avocat au Parlement de Dijon. Le 28 août 1617, il reçoit des lettres patentes en forme de terrier et, le 15 juillet 1619, la déclaration des habitants, qui le reconnaissent haut, moyen et bas justicier. Il épousa Philippine Duval. A sa mort, il laissait deux enfants : Louise et Madeleine. Sa veuve se remaria avec Edme Jacquinot et de cette union naquirent : Edme, 1625 ; Madeleine, 1627 ; Guillemette, 1628.

Pendant les guerres de la France avec l'Autriche et l'Espagne, au sujet de la Franche-Comté, la seigneurie n'a pas de maîtres connus. En 1667, Jean-Baptiste, damoiseau, s'intitule seigneur de Pierrefaite, en partie ; de la même manière, en 1670, Richard, damoiseau de Chevagne. En 1682, M. de Minette acheta de plusieurs particuliers, entre autres, de M. de Violaine, les biens et les droits de la seigneurie de Vergy.

Cependant, il n'entra pas en jouissance sans difficultés. Un certain Provenchères, se disant seigneur d'Ouge en partie, lui contestait son droit sur le bois du *Chânois*. Il poussa même la hardiesse jusqu'à y mettre des ouvriers et à faire abattre plusieurs gros pieds de chêne. Accompagné de son garde, M. de Minette se rendit sur les lieux et, son titre à la main, il lui demanda raison de son fait. Transporté de fureur, Provenchères le menaça du fusil dont il était armé et le poursuivit de ses provocations et de ses invectives jusqu'à l'entrée de Pierrefaite (2). Cette algarade lui aurait coûté cher, si la réflexion ne lui eut suggéré le prudent conseil de quitter Ouge et d'échapper ainsi à la justice.

(1) Archives de Chaumont.
(2) Archives de Chaumont.

M. de Minette prit possession, en 1687, par le ministère de Didier Gradelet, juge ordinaire en la seigneurie de Ray, assisté de Pierre George, procureur fiscal, et de Jean-Louis Varney, greffier, en présence de tous les habitants, requis de le reconnaître comme leur seigneur unique et de lui rendre tous les devoirs réclamés par son titre (1).

§ 2. — FAMILLE DE MINETTE DE BEAUJEU

La famille de Minette, seule propriétaire des deux seigneuries de Vergy et de Ray jusqu'à 1789, est originaire, par son chef, d'Arrentières, village de l'Aube, à la limite de la Haute-Marne.

Au commencement du xviiᵉ siècle, Joachim de Minette, seigneur d'Arrentières et d'Engente, épousa Anne de Beaujeu. A cette époque, une famille de Beaujeu, dont les membres portèrent le titre de comte, occupait la seigneurie de Chambroncourt, unie à celle d'Epizon.

Joachim laissa à sa mort plusieurs filles et entre autres fils, Edme, seigneur de Colombey-la-Fosse ; Jacques le fut de Pierrefaite, par son union avec Jeanne Garnier. Anne de Beaujeu suivit son fils dans notre village ; elle y mourut en 1682 et son corps fut inhumé au chœur de l'église, tombeau de la famille jusqu'à l'ordonnance de Louis XVI (10 mars 1776), prohibant ces sépultures.

Tant que vécut sa mère, Jacques de Minette n'ajoute à son nom que le titre de Ray ou d'Arrentières ; quand elle fut morte, il signe aussi *de Minette de Beaujeu*. Parmi ses descendants, quelques-uns, négligeant leur nom patronymique, se contentent d'écrire *de Beaujeu ;* c'est ainsi que, peu à peu, l'on prit l'habitude de cette brillante qualification, sous laquelle, seule, la famille reste connue. Il ne s'agit donc point, comme on l'a cru, de deux familles différentes.

Maisons seigneuriales. — Dans le principe, il n'y eut à

(2) Archives de Chaumont.

Pierrefaite qu'un château, la terre appartenant à un maître unique. Bâtie à l'extrémité nord du village, sur le bord d'un ravin profond et escarpé, lui servant de défense naturelle à l'est, la maison-forte était protégée, du côté de la plaine, par un fossé et une tour se dressant au-dessus d'une butte faite de mains d'homme.

L'antique demeure de nos premiers seigneurs a été détruite, durant les guerres du xive siècle. Les Vergy ne relevèrent que les logements nécessaires à leurs commis ou intendants. Dans le xvie siècle, le lieu se nomme de *Ray et de la Tour* ou la *Tour de Ray*. En 1575, François de Choiseul le tient en commun avec le sire de Bonnecourt. En 1623, on mit cette petite place en état de défense, mais elle ne résista pas longtemps à l'assaut des troupes pillardes que Gallas traînait à sa suite. Tout fut brûlé, à l'exception de la tour que défendirent courageusement ceux qui s'y étaient enfermés. Elle a été, depuis, descendue d'un étage.

Après la division du fief en deux seigneuries distinctes, on a construit, sans ouvrages de défense, une seconde maison seigneuriale, à l'est de la première, rive droite du ravin. Elle donna naissance à la rue et au quartier appelés *Du Château*. MM. de Minette en firent leur principale habitation. Le corps de logis a été rebâti vers 1816 et les dépendances datent de 1848. C'est dans ces constructions que l'on a ouvert, en 1860, un pensionnat.

Jacques de Minette mourut en 1692 et Jeanne Garnier, le 3 mai 1739, dans sa 95e année. Ils eurent cinq enfants : Nicolas, Huguette, Jean-Baptiste, Edme, Philippe-César.

Nicolas, l'aîné, naquit le 30 août 1668. On lui avait désigné pour parrain, Nicolas Fouquet, conseiller du roi en ses conseils, ministre d'Etat, ci-devant maître des Requêtes ordinaires du roi en son hôtel, son procureur général et ministre des Finances. Mais, hélas ! tous ces titres pompeux, que nous trouvons énumérés dans nos registres de la paroisse, n'avaient pu le mettre à l'abri de l'adversité. Accusé de dilapidations, Fouquet avait été jeté en prison.

André Garnier le suppléa au baptême et, en témoignage de sa reconnaissance et de son inviolable attachement, il voulut que son petit-fils portât le nom de son infortuné protecteur et ami.

Nicolas de Minette épousa Elisabeth Sparding. Il mourut à Dunkerque, dans sa 46ᵉ année, capitaine de vaisseau.

Edme, baptisé le 20 octobre 1673, eut pour marraine, Didière Chevillot, sa cousine-germaine. A vingt ans, il est écuyer, chevalier, lieutenant au régiment de Rouergue. Il décéda lieutenant de dragons, le 1ᵉʳ décembre 1705.

Philippe-César, né en 1675. Parrain : Philippe Lénet, abbé du Val-des-Choux ; marraine : dame Anne de la Rochette, veuve de messire Clermont d'Amboise, seigneur de Reynel.

2ᵉ *Génération*

Philippe-César continue la lignée. Il se marie à vingt-trois ans avec sa cousine, Jeanne Demongeot de Confévron (1), fille d'Agnus Demongeot, conseiller du roi, lieutenant de la maréchaussée de Langres et de Didière Chevillot (2).

Philippe-César, devenu possesseur unique de la seigneurie, rendit les devoirs de fief à l'évêque de Langres, suivant les règles usitées.

Arrivé à la porte du palais épiscopal, il heurta trois fois et appela à haute et intelligible voix l'Illustrissime et Révérendissime Pierre de Pardaillan de Gondrain d'Antin, évêque de Langres, pair de France.

A cet appel, le procureur fiscal répondit que, l'évêque étant en tournée de son ministère, il avait la charge de recevoir, en ses lieu et place, les communications que l'on pouvait avoir à lui faire.

Aussitôt le sieur de Minette, sans bottes ni éperons,

---

(1) *Confévron*, ferme à Dampierre. C'était un fief, dont la famille Demongeot a pris le nom.

(2) Nos registres de la paroisse renferment aussi l'acte de mariage de Bernard Demongeot, frère de Jeanne, avec Marie Génuit, fille de Sébastien Génuit, bourgeois de Langres, et de demoiselle Rathier (22 septembre 1708).

mit un genou en terre et dit : « Je viens, Monseigneur, vous déclarer que je suis votre vassal ; comme tel, je vous rends foi et hommage et je reconnais que les terre et seigneurie de Pierrefaite sont mouvantes et relèvent de votre Duché de Langres, pairie de France. »

Cela fait, il est retourné à la grande porte et en a baisé le verrou, conformément à la coutume (1).

Philippe-César décéda le 8 août 1753, dans sa 78e année, et Jeanne de Confévron, le 17 octobre 1748. De leur union étaient nés seize enfants ; dix moururent en bas-âge ; les six autres eurent les destinées suivantes :

1. *Edme-Philippe-Elisabeth*, né le 22 février 1702. Parrain : Edme de Minette, son oncle paternel ; marraine : Elisabeth Sparding. Edme-Philippe, chevalier de l'Ordre militaire de Saint-Louis, se maria avec demoiselle Plusbelle de Saulles et alla habiter le pays de son épouse.

2. *Nicolas-Jacques*, né en 1705, embrassa l'état ecclésiastique. Ordonné prêtre en 1728, étant confrère de Saint-Didier (2), il devint, en 1739, chanoine de Saint-Mammès de Langres, par la résignation que fit en sa faveur René Plusbelle de Saulles. Ce fut lui qui, après la mort de son père, rendit foi et hommage à Mgr Gilbert de Montmorin de Saint-Hérem. Il décéda en 1767.

3. *Jeanne-Catherine-Françoise* naquit en 1706. Parrain : Nicolas Demongeot ; marraine : Catherine-Françoise, fille de M. Courtot de Régent, seigneur d'Ouge et autres lieux. Après le trépas de son frère, le chanoine, au service duquel elle avait voué son existence, cette pieuse demoiselle, retirée à Pierrefaite, s'y montra la providence des pauvres et la bienfaitrice de l'église. Elle mourut le 25 décembre 1772.

4. *Victor-Amédée*, baptisé le 15 mars 1708. Parrain : Haut et puissant seigneur le marquis de Lanque-Choiseul ; marraine : dame Thérèse de Minette de Breuil, première filleule de la reine défunte, Marie-Thérèse, baronne

---

(1) Archives de Chaumont.
(2) Confrérie noble, fondée à Langres, en 1354, dont le roi et le duc de Bourgogne voulurent être les premiers membres.

d'Etrépy, épouse de messire de Blin, chevalier, seigneur de Sennevoy, La Chapelle, etc.

En 1735, Victor-Amédée est écuyer, capitaine des grenadiers royaux. Il avait épousé Marie Candolle, de la ville de Lunelle. En 1763, il est chevalier de l'Ordre militaire de Saint-Louis, commandeur des bataillons de la milice de Vesoul. Il décéda le 20 mars 1788. A ses funérailles, il y eut un grand concours de seigneurs et de peuple.

5. *Anne*, née le 11 février 1711, contracta mariage, le 9 avril 1741, avec messire Nicolas de Hurault, seigneur d'Avrecourt et de Forlillières, écuyer, lieutenant de cavalerie au régiment de Chabrillard, fils de défunt René de Hurault de Gibaumé et d'Anne Guyot. Elle mourut en 1747, laissant deux filles. L'aînée, Marie-Joseph-Françoise, née en 1742, eut pour parrain son grand-oncle paternel, Pierre-François de l'Hallier de Hurault, curé de Montcharvot, de 1691 à 1741, année où il résigne pour se retirer auprès de ses parents de Pierrefaite. Ce vénérable ecclésiastique y décéda l'année suivante, dans sa 81e année. Son corps fut inhumé au chœur de l'église.

3e *Génération*

6. *Joseph-Victor*, le 15e des enfants de Philippe-César, né le 11 février 1720, succède dans la seigneurie. A l'exemple de presque tous les membres de sa famille, il embrassa la carrière militaire. A trente ans, il est mousquetaire de la garde du roi, chevalier de l'Ordre royal avec brevet de capitaine, et habite Pierrefaite. C'est alors que, vivement épris d'une de ses servantes, Jeanne-Catherine Laprovôte, fille du meunier au moulin Jobard, il déclara hautement que son intention était de l'épouser. Grand émoi dans toute la parenté, qui n'épargna ni les remontrances ni même les menaces pour le détourner d'un projet qu'elle réputait humiliant et scandaleux. Cette opposition ne servit qu'à le jeter dans une violente irritation. Bravant l'opinion, il fit célébrer en secret son union à Broncourt, par le vicaire du lieu, en présence de Charles Cimetière, acolyte, chanoine de Châblis, et de François Mulson, recteur d'école à Pierrefaite.

Dans la précipitation, on avait négligé certaines forma-
lités, dont l'omission rendait le mariage nul aux yeux de
la loi. A la vérité, les époux avaient contracté be bonne
foi, mais en présence de deux témoins au lieu de quatre ;
la dispense du temps de l'Avent n'avait pas été insinuée
et contrôlée avant la célébration ; l'acte ne faisait aucune
mention de l'âge, du domicile et du consentement des parents. Ce mariage fut réhabilité en 1763, par le ministère de
M. Chopitel, curé-doyen, assisté de Jean Rousselot, greffier
en la justice de Pierrefaite, et de Jean Ignard, huissier.

Jeanne Laprovôte était une femme douce, pieuse et
charitable. Elle honora, dans la dignité de sa vie, un rang
auquel sa naissance ne l'avait pas destinée. Elle fut aussi,
pour son époux, le bon génie qui savait tempérer, par ses
affectueuses et sages inspirations, les élans d'une impé-
tueuse nature.

Trois filles naquirent de cette union. La première ne
vécut pas. La seconde, Thésèse-Victoire, eut pour parrain,
François Mulson. La troisième, baptisée le 15 juin 1753,
reçut les noms de Marie-Henriette-Rose. Comme suprême
défi à toute la famille, son père lui donna pour parrain
un enfant de l'école et pour marraine, une mendiante !

Joseph-Victor semblait savourer avec délices les fruits
amers de la colère ; en réalité, l'avenir le rendait perplexe.
Qu'allaient devenir ses enfants, s'il persistait à se tenir à
l'écart, enfermé dans sa rancune ? Cette pensée l'émut.
Un rapprochement fut ménagé, où l'on projeta une
alliance, capable de rendre au blason tout son éclat.

En effet, le 6 décembre 1780, on célébrait les fiançailles
de Richard-Philippe-Nicolas de Minette, chevalier, lieutenant au régiment de Navarre-infanterie, âgé de 27 ans, né
à Langres de Edme de Minette et de demoiselle Plusbelle
de Saulles, avec Thérèse-Victoire, sa cousine-germaine,
âgée de 20 ans. Le 15 du même mois, René-Girard de
Chambrulard (1), chevalier de l'Ordre militaire de Saint-
Louis, bénissait leur mariage.

---

(1) La famille *de Chambrulard* était alliée à la famille *Plusbelle
de Saulles* depuis le mariage de Henri II Plusbelle, conseiller, mort
en 1760, avec Charlotte de Chambrulard.

Il y eut de grandes réjouissances dans le village à cette occasion. Tous les seigneurs, parents, alliés et amis s'empressèrent d'honorer de leur présence cette union, qui ramenait un accord si longtemps rompu ; entre autres : Victor-Amédée, oncle des époux ; Nicolas-César de Minette, lieutenant au régiment de Navarre-infanterie, chevalier de l'Ordre militaire de Saint-Lazare, frère de l'époux ; Philippe-César de Piétrequin, seigneur de Prangey et de Vesvres, ancien officier de cavalerie, lieutenant-général d'épée au bailliage de Châlon-sur-Saône, beau-frère de l'époux ; Charles-Joseph, comte de Rose, capitaine de cavalerie, cousin des époux ; Jean-Nicolas-Hubert-Joseph de Hurault, chevalier, capitaine au régiment de Bouillon-infanterie et Claude-Bernard de Piétrequin, chevalier, ancien officier aux grenadiers de France, alliés et amis.

Marie-Henriette-Rose, l'autre fille de Joseph-Victor avait trente-six ans à la Révolution. Comprise, en 1793, dans la loi des suspects, elle fut incarcérée à Bourbonne avec ses parents. William Montaigu Willet *(Ouillet)*, anglais d'origine, détenu dans la même prison, la demanda et l'obtint en mariage ; mais la municipalité n'ayant voulu ni descendre à la maison d'arrêt pour recevoir leur mutuel consentement, ni leur permettre de se présenter devant elle, les jeunes époux se virent réduits à faire constater leur union par le ministère de Mᵉ Barrat, notaire (1).

Après leur élargissement, ils régularisèrent leur position devant la loi, le 29 pluviose an IV (8 février 1796). Leur fille unique décéda le 22 ventôse an VIII, à l'âge de 4 ans ; au bout d'un mois son père la suivait dans la tombe. Madame Willet mourut le 30 octobre 1839. Par dispositions testamentaires elle instituait son petit-neveu, Richard-Victor-Amédée, héritier de tous ses biens.

(1) Au point de vue religieux les jeunes époux étaient en règle avec leur conscience. En effet, lorsqu'il était impossible de recourir au ministère d'un prêtre catholique, il suffisait, pour la validité du mariage, qu'il eût été contracté devant témoins, quoique sans la présence du prêtre. (Réponse donnée par le pape, le 28 mai 1793. — Collection des brefs de Hulot, p. 319).

4ª Génération

Richard-Philippe de Minette avait émigré avec son épouse, Thérèse-Victoire, pendant la Révolution. Sa fidélité à la monarchie lui valut, en 1815, la croix de Saint-Louis et une pension. Nommé maire de Pierrefaite, en 1800 et en 1816, il devint aussi, sous la Restauration, juge de paix pour le canton de Laferté. Sa fille, Marie-Thérèse, née le 7 thermidor an VIII, s'unit le 10 avril 1823, avec Charles-Joseph-Claire-Théophile Doroz, écuyer, né à Besançon, en 1781, propriétaire à Villers-Ferley (Jura), fils de Claude-Théophile Doroz, conseiller du roi en ses conseils et son procureur général au Parlement de Besançon, et de dame Jeanne-Joseph-Claire Pélerin, décédée le 10 août 1812.

5º Génération

Amédée de Minette, fils du précédent, né en 1781, se maria, en 1813, avec Louise-Clémentine Lebloy, morte le 14 avril 1814, huit jours après avoir donné naissance à un fils, qui reçut les noms de Richard-Victor-Amédée. M. de Minette épousa, en secondes noces, Claire-Marie Labbey de Sauvigney de Froment, famille dont les membres occupèrent, avant la Révolution, la baronnie de Fays-Billot. Il eut d'elle cinq enfants, parmi lesquels, Victor, qui s'unit avec sa cousine, demoiselle Doroz, de Villers-Ferley, et Henriette, mariée à M. de Finances (1).

Depuis bientôt quarante ans la famille de Minette de Beaujeu a quitté Pierrefaite, après l'avoir habité, non sans honneur pour lui, pendant deux siècles. Elle n'y possède plus de biens, mais, dans nos temps où l'oubli refroidit si vite les cœurs, nous nous faisons un devoir de consigner ici le souvenir ému de sa foi profonde, de ses mœurs simples et pures, de sa bienveillance envers les humbles et de ses bonnes œuvres.

(1) Registres de la commune et de la paroisse de Pierrefaite.

CHAPITRE III

Le Doyenné. — La Cure

Le doyenné de Pierrefaite. — Les doyens, les curés et les vicaires jusqu'à 1792. — Les revenus de la cure avant la Révolution. — Ouge, succursale, ses vicaires. — Les desservants ou curés de Pierrefaite, de 1803 à nos jours.

§ 1. — LE DOYENNÉ DE PIERREFAITE

Le diocèse de Langres, actuellement circonscrit dans les limites du département de la Haute-Marne, avait autrefois une superficie égale à celle d'une vaste province. Il comprenait la plus grande partie de la Haute-Marne, la moitié de la Côte-d'Or, un peu plus du quart de l'Aube, près du quart de l'Yonne, et quelques paroisses de la Haute-Saône ; mais à la création du diocèse de Dijon, en 1731, on lui enleva une portion notable de son territoire et il resta avec cinq archidiaconés, quinze doyennés et quatre cent soixante-seize paroisses.

On appelle *Doyenné* la dernière subdivision d'un diocèse, ayant dans sa circonscription un certain nombre de paroisses.

Le doyenné de Pierrefaite, qui formait avec celui d'Is l'archidiaconé du Bassigny, s'étendait de Damrémont à Frettes et de Rosoy à Chauvirey. On y comptait une quarantaine de bourgs, villages ou hameaux et, en 1695, vingt-deux paroisses, que nous nous contenterons d'indiquer avec leurs succursales, annexes ou dépendances.

1. Achey. — 2. Anrosey et Bize avec Laferté succursale et Guyonvelle. — 3. Arbigny. — 4. Broncourt. — 5. Champigny-sous-Varennes. — 6. Chézeaux. — 7. Coiffy-le-Haut et Coiffy-le-Bas avec Laneuvelle, succursale. — 8. Fays-Billot et Charmoy. — 9. Hortes et Rougeux. — 10. Frettes. — 11. Maizières-sur-Amance. — 12. Pierre-

faite et Montesson avec Ouge, succursale, puis La Quarte. — 13. Pisseloup-Chaumondel avec Velles et Bettoncourt. — 14. Poinson-les-Fays. — 15. Pressigny et Charmes-Saint-Valbert, succursale. — 16. Rosoy. — 17. Savigny et Voncourt. — 18. Soyers. — 19. Tornay. — 20. Varennes et Damrémont. — 21. Vicq et Lavernoy. — 22. Vitrey et Chauvirey, succursale.

Le pouillé de 1492 omet quatre des paroisses que nous venons de nommer : Anrosey, Broncourt, Poinson et Vitrey, et il en ajoute deux autres : Laferté et Chauvirey. Dans la suite, Chauvirey devint succursale de Vitrey et Laferté, succursale d'Anrosey.

En 1731, Achey, qui était du comté de Bourgogne et enclavé dans le doyenné de Fouvent, ayant été uni au diocèse de Dijon, notre doyenné resta avec vingt et une paroisses (1), auxquelles on pourrait ajouter, en 1747, Beaulieu et Vaux-la-Douce, dont les curés dépendaient de ces abbayes.

Aujourd'hui, dans l'étendue de cet ancien district, il n'y a que deux communes privées du titre de paroisses. Montesson, annexe de Pierrefaite, a une chapelle de secours et Voncourt, hameau sans église, est de la paroisse de Savigny.

On trouvait, dans notre doyenné, deux abbayes : Vaux-la-Douce et Beaulieu ; deux commanderies : Arbigny et Broncourt ; les prieurés de Fays, Varennes, Maizières, Laferté-Soyers, Charmes-Saint-Valbert, Rougeux ; plusieurs ermitages, tel celui de Saint-Pérégrin, près de Poinson-les-Fays ; dix-neuf chapelles bénéficiales, parmi lesquelles nous ne mentionnerons que celle de Saint-Jean-Baptiste, érigée dans l'église de Pierrefaite (2) ; et enfin neuf chapelles non bénéficiales, comme celle de Saint-Renobert dont nous avons parlé plus haut.

Les historiens ne sont point parvenus à fixer la date précise à laquelle remonte la création de nos doyennés. Il

(1) M. Roussel, *Diocèse de Langres.*
(2) Cette chapelle n'eut qu'une existence éphémère. Après la mort des premiers héritiers des fondateurs, ses revenus, provenant de fonds de terre, furent réunis à ceux de la cure.

est clair qu'ils n'ont pas été produits d'un seul jet. Remaniés à différentes époques, suivant les circonstances et les besoins, ce n'est que vers la fin du XIIe siècle qu'ils apparaissent avec les noms de leurs doyens respectifs et leurs circonscriptions définitives. La formation du nôtre, un des plus petits et des derniers venus, est aussi soumise à la controverse. Les uns l'attribuent à un démembrement du Langrois ; d'autres, au partage du doyenné d'Is. Il nous semble plus probable que sa circonscription n'a pas été aussi nettement tranchée, et qu'elle a été prise de plusieurs districts primitifs, trop étendus désormais pour les nombreuses fonctions imposées aux doyens.

Mais pourquoi avoir attaché l'honneur du chef-lieu à une localité aussi modeste que la nôtre, alors qu'il devait se rencontrer, dans le doyenné nouveau, des bourgs plus dignes d'attirer l'attention ? Fays-Billot, Varennes, Coiffy, Laferté, nous paraissent d'une antiquité moins incertaine et ont été quelque peu remarqués dans le passé ; Hortes était d'ancienneté à l'évêque et la cure à sa disposition.

Les conjectures abondent, toutes d'une probabilité suspecte. On a même, à ce sujet, édifié des systèmes ingénieux, appuyés sur une base fragile. Nous nous contenterons de cette simple réflexion. Si les motifs qui ont déterminé ce choix nous échappent, la position de Pierrerefaite, rapprochée du centre de la circonscription, n'a pas dû être sans influence dans la détermination. Pouvait-on, à ce moment, négliger le moyen de faciliter les relations du doyen avec les églises de son district et, réciproquement, les relations des curés avec le doyen ? C'est ainsi que, dans un autre ordre de choses, une semblable considération a fait préférer comme chefs-lieux civils, dans le département, Chaumont à l'antique cité langroise, et, dans notre canton, Laferté à Voisey, bien que ce dernier village fut trois fois plus populeux que le premier.

On a ensuite refusé à notre doyenné le privilège d'avoir eu un siège fixe, et l'on a prétendu que ce siège était annexé tantôt à une paroisse, tantôt à une autre (1). La

(1) L'erreur de quelques historiens vient de ce qu'ils ont attribué le titre de doyen à des curés qui n'en avaient pas la charge dans le doyenné.

raison qu'on en donne, c'est que la cure de Pierrefaite, encore entre les mains de l'évêque à la création du doyenné, fut cédée, dans la suite, à l'abbé de Bèze. Il n'eut peut-être pas été inutile de mettre en harmonie ces assertions disparates, qui tendent aussi à introduire une confusion entre la collation des cures et la nomination des doyens.

D'après l'usage du diocèse, la nomination et la révocation des doyens dépendaient de la volonté de l'évêque, libre de conférer ce titre au curé d'une paroisse autre que celle du chef-lieu. Il n'usait d'ailleurs de ce droit que pour des cas graves, tels que l'âge, les infirmités du dignitaire, la trop grande jeunesse du curé et les convenances à garder envers un prêtre vénérable, l'insuffisance temporaire des revenus de la cure, les faits de guerre, etc. Notre district offre donc quelques doyens — accident non rare ailleurs, — qui ne sont pas en même temps curés du chef-lieu ; mais, dès que le motif de cette exception cesse d'exister, on revient immédiatement à la nomination du curé même de Pierrefaite, ce qui prouve que, en fait, sinon par une subtile distinction de droit, le siège de notre doyenné, fixe à l'origine, n'avait pas cessé de l'être.

Le doyen rural n'avait aucune juridiction sur les paroisses de son doyenné ; il était seulement chargé de les visiter, chaque année, et de fournir à l'évêque un état sur leur situation. Pour ce service, il recevait une indemnité, variable selon les temps et payée par les fabriques. Il devait, en outre, installer les curés, leur distribuer les Saintes-Huiles ; veiller sur leur administration et leur conduite ; leur donner communication des ordres de l'évêque ; les secourir spirituellement dans leurs maladies ; leur administrer les sacrements ; les inhumer ; assister aux synodes ; faire les enquêtes, d'après lesquelles l'Officialité prononçait ; présider les conférences ecclésiastiques.

On créa aussi des vice-doyens ou sous-doyens, chargés de remplir les fonctions de doyen, lorsque celui-ci était empêché.

Les aumônes recueillies dans les paroisses pour les besoins du diocèse se centralisaient, comme maintenant, au chef-lieu, et étaient transmises à l'Évêché par les soins du doyen. Nous en donnons un exemple.

D'après une ordonnance de Mgr de la Luzerne, rendue au synode des doyens ruraux, le 15 avril 1776, les curés et les vicaires devaient, tous les ans, faire à l'église, après les récoltes, une quête, dont le produit était destiné à venir au secours des incendiés. Cette institution, que Mgr Gilbert de Montmorin avait établie en 1759, reçut, sous son successeur, une nouvelle organisation, et fut appelée à rendre de grands services. Les compagnies d'assurance n'existaient pas encore et les malheureux sinistrés, souvent dénués de toutes ressources, se trouvaient plongés dans la plus noire misère.

Voici les sommes relativement importantes, vu la valeur du numéraire à cette époque, que le doyen de Pierrefaite envoya, de 1776 à 1789, au *Bureau des Incendiés*. — 1776 ; 66 livres, 5 sous, 6 deniers. — 1777 ; 65 livres, 5 sous. — 1778 ; 42 livres, 12 sous. — 1779 ; 54 livres, 17 sous, 6 deniers. — 1780 ; 36 livres, 10 sous. — 1781 ; 27 livres. — 1782 : 41 livres, 12 sous. — 1783 ; 49 livres. — 1784 ; 48 livres, 12 sous. — 1785 ; 45 livres, 10 sous. — 1786 ; 37 livres. — 1787 ; 64 livres. — 1788 ; 75 livres. — 1789 ; 58 livres (1). — Au total : 717 livres 4 sous.

La Révolution a détruit notre antique doyenné. Les communes de Vitrey, Ouge, La Quarte, Chauvirey, Bettoncourt, Charmes-Saint-Valbert, font, actuellement, partie du diocèse de Besançon et du département de la Haute-Saône. Les localités comprises dans la Haute-Marne appartiennent : les unes au doyenné de Voisey, dont les limites sont celles du canton civil de Laferté ; les autres, aux cantons de Fays-Billot, Varennes et Bourbonne.

§ 2. — LES DOYENS, LES CURÉS ET LES VICAIRES DE PIERREFAITE, JUSQU'A 1792

1. GARNERIUS. — Dans un acte de donation que Gui de

(1) Archives de Chaumont.

Bourbonne fait à l'abbaye de Vaux-la-Douce, vers 1140, on lit le nom de Garnier, *prêtre* de Pierrefaite, ce qui veut dire curé, l'expression *curé* n'ayant été employée que dans le siècle suivant, du moins dans le sens que nous lui donnons aujourd'hui. Etait-il aussi doyen ? Sa présence avec le seigneur de Pierrefaite, Gilbert, dans un acte important, nous le fait présumer. Remarquons aussi que le qualificatif *doyen* n'a été d'un usage général que sous le titulaire suivant.

2. THEODERICUS, curé-doyen. — Le nom de Thierry revient dans un grand nombre d'actes. Il assiste, en particulier, à la donation du Chapitre de Saint-Mammès relative à la fondation de Beaulieu, 1166. Il était collateur des églises de Frettes et de Tornay, pour lesquelles il payait dix sous par an à l'abbaye de Belmont qui, elle-même, les avait reçues de l'évêque Gauthier, vers 1165. Il est probable que ces deux églises, situées à la limite du doyenné du Moge et enclavées dans le doyenné de Fouvent, n'ont fait partie, que depuis cette époque, du doyenné de Pierrefaite.

3. PAGANUS. — Payen, curé-doyen, est témoin des libéralités de Milon de Rosoy envers Beaulieu, en 1196. Il est peut-être le même que Payen, chanoine, en 1206 ; official, 1207 ; curé de Baroville ; puis archidiacre du Bassigny, 1222-1235.

4. HUGO. — Hugues, doyen, rédige, en 1227, l'acte par lequel Sébille, veuve d'Etienne de Noidant, seigneur de Poinson-les-Fays, renonce à tous ses droits sur la succession de son mari.

Etienne s'était croisé pour prendre part à l'expédition que Louis VIII dirigeait contre les Albigeois, et il était tombé malade sous les murs d'Avignon, pendant le siège de cette ville qui dura trois ans. Sentant qu'il allait mourir, il fit jurer à ses compagnons d'armes, réunis autour de lui, de rapporter fidèlement ses dernières volontés à son épouse et à Richard, seigneur de Dampierre, son oncle et son suzerain. Il donnait à Beaulieu, pour le repos de son âme, ses biens de Poinson, formant le quart du finage. Richard approuva la même année (1226), les dispositions de son neveu, mais la veuve d'Etienne éleva des difficultés, qui ne furent aplanies que l'année suivante (1).

5. VILLINC, doyen de Pierrefaite, et Mᵉ Pierre, doyen de Fouvent, déclarent, en 1242, que Calo, fils de Gérard Blaise de Rosoy, a donné et concédé en pure aumône à l'abbé et aux religieux de Cherlieu, une émine de froment, mesure de Langres, à percevoir, chaque année, sur ses tierces et autres rentes de Rosoy (2). Il vivait encore en 1254.

6. ARMANDUS.—Armand, curé-doyen, est chargé, en 1264, par Gui, évêque de Langres, d'installer Guillaume, comme curé de Champigny. En 1265, il rédige l'acte d'emprunt des fils de Simon, sire de Pierrefaite et, en 1268, un acte de donation faite à l'abbaye de Belmont. En 1269, il est témoin, avec Aubert, curé de Coiffy, d'une déclaration du curé d'Arbigny, nommé Henri.

7. SIMON, doyen, est témoin dans divers actes, 1275, 1279, 1281.

En 1336, Jean, curé de Celles, ordonne que l'on mette à exécution les lettres de l'Officialité, concernant l'église de Champigny. Ce curé n'a pu agir qu'en vertu d'une délégation spéciale et non comme doyen, ou en faisant les fonctions, puisque la paroisse de Celles dépendait du doyenné du Moge.

Quoi qu'il en soit, pendant plus de deux siècles, nos archives sont muettes et nous ne connaissons ni les doyens ni les curés de Pierrefaite, à part le titulaire suivant.

8. BRISSESON, curé.—Dans une information de l'an 1445 sur l'état déplorable de la prévôté de Jussey, par suite des guerres, on lit : « Messire Brisseson, curé de Pierre-ficte, en France, et d'Ouge, en Bourgoigne, dit que cette cure (d'Ouge) ne vault rien, outre la desserte (le casuel), comme il a juré, pour le temps présent » (3).

Il fallait que sa cure de Pierrefaite ne valût guère mieux, obstiné qu'il se montre à contester à Beaulieu la dîme, perçue par les religieux, d'une méchante pièce de

(1) Archives de Chaumont.
(2) Archives de Vesoul.
(3) Archives de Vesoul.

terre, nommée la *Franchise*, comme étant une propriété sise sur le finage de Velars. Le curé prétendait
que le champ en question était sur le territoire de sa
paroisse. Pour trancher le différend, les parties se présen-
tèrent à Langres devant le tabellion juré de l'Officialité.
Les moines ayant fourni des titres réguliers, la propriété
fut déclarée soumise à Beaulieu, franche et quitte envers
le curé de Pierrefaite.

Ce n'est qu'à partir du xvie siècle que, grâce à un édit
de Henri Ier, enjoignant d'inscrire sur un livre spécial, dit
des *Insinuations*, les prises de possession des bénéfices
et les mutations, se relient les anneaux si longtemps in-
terrompus de la liste de nos doyens et de nos curés. Et
encore, pendant plus d'un siècle, ces curés n'habitent pas
la paroisse. Dispensés de la résidence, ils ont affermé
leur cure à un autre prêtre, chargé de les remplacer, tant
au spirituel qu'au temporel (1).

Le curé n'apparaissait dans la paroisse qu'à de rares
intervalles pour en toucher les revenus, et le service était
fait par des vicaires qui en sont les vrais pasteurs. Mais,
comme la nomination et la mutation de ces vicaires
n'étaient pas soumises à la formalité de l'insinuation,
plusieurs demeurent inconnus. Nous inscrivons les noms
de ceux que nous avons pu découvrir, dans la liste même
des doyens.

9. JEAN DE CHAUVIREY, curé-doyen, 1516.

10. GUILLAUME COLLIN, curé-doyen, 1528.

Ier *vicaire. Edme-Toussaint Febvre.* Il dessert la paroisse jusqu'à l'année 1560.

11. PIERRE DELAMOUSSE, surnommé *Plaisance*, curé-
doyen. Cet ecclésiastique, d'une famille noble et illustre,
fut protonotaire apostolique, chancelier de l'évêché, confrère de Saint-Didier, chanoine, de 1545 à 1564, curé de
Bagneux, doyen rural de Tonnerre, puis de Pierrefaite,
156?-1564, année où il meurt, le 12 janvier.

---

(1) Cet abus était devenu presque général. En effet, d'après un
registre de 1560, sur les vingt cures du doyenné, quatre seulement
étaient occupées par des curés résidents et les seize autres curés
étaient dispensés de la résidence. (M. l'abbé Roussel, *Diocèse de
Langres*).

IIe *vicaire. Pierre-Antoine*, 1560-1564, puis vicaire de Varennes.

12. Jean Groussel, gradué, chanoine de Champlitte, curé-doyen, 1561-1567, ensuite curé de Morey et enfin de Bagneux.

13. Jean de Chapteuil de Bonneville, du diocèse du Puy, religieux de Bèze, curé-doyen, 1577, résigne sa charge pour devenir prieur de Thil-Châtel.

IIIe *vicaire. Georges Pellret*, né probablement à Pierrefaite, vicaire en 1567.

14. Jean Hugon, du diocèse du Puy, ordonné prêtre en 1539, curé-doyen, 1567-1573, année où il permute avec le suivant.

15. Jean de Chapteuil susdit, ex-prieur de Thil-Châtel, curé-doyen, 1573-1577, année où il redevient prieur.

16. Michel Debelmanière, curé, 1577-1613.

IVe *vicaire. Nicolas Thomas*. Il nous apprend qu'il est entré en fonction après la mort de messire Debelmanière. Il est encore vicaire en 1636, lorsque les Croates vinrent brûler le village.

17. Joseph Coutard, curé-doyen, 1614-1628, prêtre habitué de Saint-Mammès, concierge de l'évêché.

De 1636 à 1649, les guerres interrompent de nouveau la liste de nos curés et de nos vicaires.

Jean Cartcret, curé d'Anrosey, remplit les fonctions de doyen, de 1629 à 1635, et *Clément Fauley*, curé de Poinson, de 1643 à 1647.

18. Clergey prend possession de la cure en 1649, mais le service religieux ne devient régulier qu'en 1651.

V^e *vicaire. Claude Clair*, 1651-1653, se qualifie « religieux de Saint-François, vicaire de Pierrefaite et de Saint-Remy d'Ouge. »

19. Didier Milton, curé-doyen, 1653-1664, année où il résigne sa cure ; il garde le doyenné jusqu'à sa mort, arrivée en 1666.

VIe *vicaire. Bidault*, 1663-1664.

Les mesures énergiques prises par Mgr Zamet font cesser, dans le diocèse, l'abus des curés non résidents.

20. Jean-Louis Dormoy, curé de Pierrefaite et d'Ouge,

d'octobre 1664 à 1689, devient doyen à partir de 1666. On lui doit la construction d'un presbytère.

VIIe *vicaire. Jean Cardinal*, d'octobre 1689 à janvier 1690.

21. ESPRIT MATHERET, du diocèse de Lyon, ordonné prêtre en 1658, ex-curé de Percey-le-Grand, curé-doyen, 1690-1708, devient chanoine de Saint-Vammès. Il garde le doyenné jusqu'à sa mort, arrivée en 1709, le 9 mars.

VIIIe *vicaire. Sébastien Charles*, né à Esnoms, en 1634, prêtre en 1708, dessert la paroisse depuis le départ de M. Matheret, (septembre 1708), jusqu'à juillet 1709 ; il est ensuite vicaire de Pinelle, dans le Tonnerrois.

22. SÉBASTIEN ROBERT, né à Langres, en 1671, ex-vicaire de Frécourt, 1697-1701, ex-curé de Moulins, curé-doyen, 1709-1745 (1), année où il résigne sa cure en faveur de son cousin Etienne Chopitel ; garde le doyenné jusqu'à 1758 et meurt à l'âge de 87 ans. Son corps fut inhumé dans la nef de l'église par M. Bacquet, son vice-doyen.

M. Bacquet, prêtre en 1725, curé de Vitrey, son pays natal, de 1726 à 1767, succède à M. Robert, en qualité de doyen, et il en garde le titre jusqu'en 1768, année de sa mort. En 1767, il avait résigné sa cure en faveur de son neveu, Antoine Marchand, aussi originaire de Vitrey.

IXe *vicaire. Jean Logerot*, né à Varennes, gradué, vicaire, de juin 1741 à avril 1741, puis de Fays-Billot, enfin, curé de Pressigny, 1747-1767, année où il résigne sa cure.

23. ETIENNE CHOPITEL, né à Langres, en 1715, ex-vicaire de l'église Saint-Martin de cette ville, entre à Pierrefaite au mois de mai 1745, étant pourvu de la cure en cour de Rome. Il devient doyen après la mort de M. Bacquet.

Le ministère de ce pieux, savant et laborieux ecclésiastique a été l'un des plus longs et des plus fructueux dans la paroisse. Il mourut, dans le courant de juin 1797, à Fays-Billot, où il s'était retiré, après avoir souffert la

(1) M. *Poisse*, curé de Vicq, donné comme doyen, dans l'histoire de ce village, p. 56, en 1735, n'avait que le titre de vice-doyen.

persécution et l'emprisonnement pour la foi. Et, si l'on compte les cinq années durant lesquelles, exilé de son troupeau, il en demeurait toujours le pasteur légitime, il aura été cinquante-deux ans curé de Pierrefaite et vingt-neuf ans doyen.

Comment redire toutes ses œuvres ? La religion entretenue dans les âmes, la paix et la concorde maintenues par son influence entre les familles, les pauvres secourus de ses propres ressources et des revenus de sa cure. Il présida à la reconstruction de l'église, dota le village d'une maison d'école, mit en ordre les anciens registres religieux et apporta, dans la rédaction des siens, une régularité parfaite.

M. Chopitel était aussi doyen de la Collégiale de Fouvent (1), titulaire de la chapelle Bligny, promoteur de l'Officialité au comté de Bourgogne, dont le siège avait été transféré de Champlitte à Fouvent, depuis la création du diocèse de Dijon.

Ses occupations multiples nécessitaient souvent, dans la paroisse, la présence d'un vicaire. Les capucins de Bourbonne et de Champlitte y étaient aussi fréquemment appelés à prêcher et à entendre les confessions.

X^e *vicaire. Nicolas Lemoine*, août 1770-juillet 1771.

XIe *vicaire. N. Esmard*, né à Pisseloup, prêtre en 1778, vicaire de 1778 à 1781, puis de Champigny-sous-Varennes, enfin, de Broncourt. Ecclésiastique modèle, de grande piété et de bon conseil, fidèle et déporté.

XIIe *vicaire. Mussot*, 1782.

XIIIe *vicaire. N. Cressonnier*, de 1783 à 1791, fidèle et déporté.

(1) Cette collégiale, dédiée à la Sainte Vierge en son Assomption, avait été fondée par les seigneurs, barons de Fouvent, dans l'enceinte de leur château-fort, et elle se composait d'un doyen et de cinq chanoines. Ce château ayant été brûlé par Gallas, les bénéficiaires se dispersèrent et, dans la suite, les biens qui faisaient partie de la dotation furent perdus. Les seigneurs et barons de Laferté et de Fouvent continuèrent à nommer et à présenter à ces bénéfices, dont l'évêque était le collateur ; mais, comme les offices et les services avaient cessé, ces bénéfices étaient devenus des bénéfices simples et purement honorifiques.

M. Chopitel était doyen de la collégiale depuis 1766. Les chanoines, en 1787, étaient : N. Devault, F. Boucher, Ch.-F. Millerand, curé de Charmes-Saint-Valbert, J.-Ant. Robert et Tranquillin Loreau.

24. Nicolas Lemoine, susdit, curé constitutionnel, de 1791 à 1794.

Nous verrons quels rôles différents ces deux derniers prêtres ont joué dans la paroisse, pendant la Révolution.

§ 3. — OUGE, SUCCURSALE DE PIERREFAITE, SON ÉGLISE,
SES VICAIRES

1. Ouge est mentionné, vers 990, sous le nom de *Og_geïum, Ougeïum*, dans les anciens cartulaires de l'abbaye de Luxeuil; sous celui de *Ogeï*, dans un titre de donation faite à l'abbaye de Vaux-la-Douce, au XIIᵉ siècle.

De temps immémorial, Ouge a été la succursale de Pierrefaite. Leurs églises furent données à l'abbé de Bèze à une époque que nos recherches n'ont pu déterminer, mais qui nous paraît remonter à l'administration de l'abbé Etienne (1).

2. Le chœur de l'église d'Ouge est ancien. La nef et la chapelle de la *Conception-Immaculée* ont été construites vers 1746. On remarque dans cette église deux tableaux fort estimés : une *Résurrection* de Chazerand, de Besançon (1783), et une *Notre-Dame du Rosaire*, œuvre de J. Ziégler (2) (1848).

Dans le pavé de la nef est encastrée une pierre tumulaire portant le nom de *Philippe Maulpin*, qui décéda, le 16 novembre 1627, « lequel fonda, annuellement et perpétuellement, six pintes de vin pour les communions de Pâques. »

Cette fondation, qui, de nos jours, peut paraître assez originale, est ainsi expliquée par M. Ch. Longchamp, dans la *Revue épigraphique :* « En disant la messe, dans la cérémonie où il est ordonné prêtre, le diacre ne communie

(1) *Etienne*, petit-fils d'Arnoult de Reynel et de la fille du comte de Fouvent, Gérard III, nommé abbé de Bèze, en 1083, par Robert, évêque de Langres, fit fleurir ce monastère, qui avait déjà cinq siècles d'existence. Les évêques de Langres ont, à cette époque, enrichi cette abbaye d'un grand nombre d'églises.

(2) *Jules-Claude Ziégler*, peintre, né à Langres, en 1804, mort à Paris, en 1856. Son œuvre capitale fut la coupole de la Madeleine à Paris, vaste composition, où l'artiste a déployé tout son talent.

que sous l'espèce du pain ; le vin qu'il boit n'est pas consacré. Il est probable que, anciennement, la communion était administrée de cette manière à tous les fidèles ; que l'on recevait, après l'hostie consacrée, du vin qui ne l'était pas, et que cet usage était encore en vigueur au commencement du XVIIe siècle (1). »

Ouge, village frontière de la Franche-Comté, a été aussi maltraité que le nôtre, en 1636. Il resta inhabité pendant dix ans. Depuis la reprise du culte, en 1648, il a eu presque continuellement des vicaires résidents. En voici la liste :

1. *Jacob*, 1648-1651. — 2. *Claude Clair*, vicaire de Pierrefaite et Ouge, 1651-1654. — 3. *Buffet*, vicaire d'Ouge, 1654-1663. — 4. *J.-F. Dodoz*, 1663-1664. — 5. *Bridannet*, 1664-1668. — 6. *J.-L. Dormoy*, curé de Pierrefaite et d'Ouge, 1668-1688. — 7. *Etienne Bouxenot*, né à **Fays**-Billot, en 1632, vicaire d'Ouge, 1688-1695, puis de Fouvent-le-Haut.— 8. *Claude Villedieu*, 1695-1696. — 9. *Lefebvre*, 1696-1697. — 10. *Cornu*, 1697-1699. — 11. *Ladmiral*, 1699-1702. — 12. *Drehamet*, 1702-1704. — 13. *J.-B. Stard*, 1704-1727. —14. *Claude Chalochet*, ex-vicaire de Pérusse, puis d'Ouge, 1727-1746, ensuite de Saint-Broingt-les-Fosses. — 17. *P. Ricard*, né en 1710 à Séraucourt, au diocèse de Toul, prêtre en 1735, vicaire de Guyonvelle, de 1736 à 1746, puis d'Ouge, 1746-1752, enfin curé de Cussangi.

Le 9 février 1750, M. Ricard bénit, avec la permission de l'évêque de Langres, la nef de l'église d'Ouge et la chapelle de la Sainte-Vierge, sous le titre de l'*Immaculée-Conception ;* Claude Lambert étant receveur de la Confrérie de la Conception ; Jean-Louis Rousselot, fabricien ; Claude Brun, marguillier.

16. *J.-B. Rouly*, né à Vitrey, prêtre en 1744, ex-vicaire de Broncourt, 1744-1752, d'Ouge, 1752-1759, puis de Roche-sur-Salon. — 17. *Didier-Aug. Japiot*, langrois, prêtre en 1755, ex-desservant de Montsaugeon, puis d'Esnoms, vicaire d'Ouge, 1759-1773, ensuite, curé d'Avre-

(1) Nous n'avons trouvé aucune trace de l'existence de cet usage dans nos pays, à cette époque.

court, 1773-1785, enfin, chapelain de l'église Saint-Martin de Langres ; fidèle, prisonnier, meurt en 1805.

18. *J.-B. Bittey*, né à Vitrey, en 1747, vicaire d'Ouge, 1773-1791, fidèle, déporté, reprend le ministère dans la commune à son retour de l'exil, en 1800.

3. La succursale d'Ouge a été reconnue en 1807. Le patron de la paroisse est Saint Remi. La dévotion au Scapulaire attirait autrefois dans le village un grand concours de fidèles, qui venaient des pays voisins se faire agréger à la Confrérie établie dans l'église ; mais ces pieuses réunions ne tardèrent pas à dégénérer en tumultueux apport. La population en a conservé la coutume de regarder le dimanche qui suit le 16 juillet, comme sa fête patronale mondaine.

§ 4. — LES REVENUS DE LA CURE DE PIERREFAITE AVANT 1791

Les revenus des cures, avant 1791, ont nécessairement varié avec les temps. Le principal de ces revenus était la dîme, dont le rendement n'avait rien de fixe : il dépendait du nombre des cultivateurs, de l'étendue de leur culture, de l'abondance ou de la disette des récoltes, de la régularité avec laquelle la redevance était payée. A la dîme s'ajoutait le produit des fondations. Quant aux autres revenus provenant des oblations des fidèles, en usage dans la paroisse, des honoraires des messes et de tout ce qui est compris sous le nom de *Casuel*, il nous est impossible d'en apprécier la valeur.

En 1600, la cure de Pierrefaite était estimée à 230 livres ; en 1732 et en 1760, à 800 livres ; en 1765, à 1703 livres ; mais ce dernier chiffre, plus du double du précédent, vient sans doute de ce que l'on n'a pas retranché de cette somme les charges et les lourds impôts auxquels ces revenus étaient soumis.

En 1790, l'Assemblée nationale qui voulait s'emparer des biens du clergé avait exigé des fabriques un Etat des revenus et des dépenses des cures, et, afin de s'assurer de la sincérité de ce travail, M. Nicolle, administrateur du district de Bourbonne, vint à Pierrefaite le faire dresser à nouveau, sous ses yeux, par la municipalité. Ces deux États sont identiques et nous en donnons ci-dessous la copie. On y verra que la cure avait à cette date un revenu net de 1254 livres, et elle tenait, sous ce rapport, un assez bon rang parmi les cures du doyenné ; mais nous devons faire observer que les revenus de la Chapelle-Bligny n'étaient pas nécessairement attachés à la cure de Pierrefaite et que le titulaire pouvait être tout autre prêtre que celui de la paroisse.

I. *Revenus et charges de la cure*

TITULAIRE : ETIENNE CHOPITEL, DOYEN RURAL

1º *Revenus*

1. Un jardin, de la contenance d'un demi-journal, sans valeur déclarée.
2. Six journaux de terre et deux fauchées de pré, chargés de fondations........ 56 livres
3. Grosses et menues dîmes anciennes.... 1.254 —
4. Dîmes novales....................... 226 —

Total des revenus..... 1.536 livres

2º *Charges*

1. Décimes, tant pour Pierrefaite que pour Montesson .... 140 livres
2. Pour un vicaire, à qui le titulaire donne 100 livres, la table, le chauffage, l'éclairage et l'étole blanche............. 100 —
3. Entretien du presbytère et des murs du jardin .... 72 —
4. Frais de perception des dîmes........ 150 —

Total des charges...... 462 livres

4

II. *Revenus et charges de la Chapelle Bligny*

TITULAIRE : ETIENNE CHOPITEL

1° *Revenus*

Terres de ladite Chapelle amodiées 400 livres et un bichet
de pois ....   400 livres

2° *Charges*

1. Messes et services payés à M. le curé de Saint-Pierre de Langres...........	88 livres	
2. Décimes..........................	140	—
3. Entretien de la maison du fermier......	12	—
Total des charges......	240 livres	

§ 4. — LES DESSERVANTS OU CURÉS DE PIERREFAITE, DEPUIS LE RÉTABLISSEMENT DU CULTE

25. NICOLAS CRESSONNIER, ancien vicaire, depuis son
retour de l'exil, en 1800, remplit les fonctions du ministère
pastoral dans la commune, jusqu'à 1803.

Le maire le demanda pour desservant à l'évêque de
Dijon, « comme étant le seul capable de ramener la
concorde et la paix dans le pays, si profondément troublé
par les derniers évènements. »

M. Cressonnier était, sans contredit, un prêtre exem-
plaire et d'une extrême austérité de vie. Missionnaire
lazariste, de 1781 à 1782, il continuait à observer, dans
toute sa rigueur, la règle de cet ordre. Il ne buvait point
de vin, couchait habillé sur la planche et distribuait aux
pauvres tout ce qu'il possédait. Sa nourriture ordinaire
se composait de lait caillé et de pain, que lui fournissaient
les personnes pieuses de la localité ; en particulier, Mlles
de Hurault, cousines-germaines de M. Baudot, vicaire
général. Mais ce rigorisme monacal, il n'était pas sans
danger de vouloir l'appliquer à la direction des âmes. En

1810, il se retira à Ouge et M. Bittey lui confia la desserte de La Quarte. Il mourut du typhus, en 1814. Son corps repose au pied de l'ancien cimetière d'Ouge, situé autour de l'église.

26. P. ROBERT, nommé curé de Pierrefaite, en 1810, n'occupa ce poste que quelques mois ; il devint, l'année suivante, curé de Grenant. Durant la vacance de la cure, la paroisse est desservie, du 1er juillet au 2 décembre 1810 par Claude-François Boyon, docteur en théologie, ci-devant prieur des Dominicains, puis, par M. Collin, curé de Laferté, jusqu'au 11 avril 1811.

27. J.-C. MEUNIER, né à Chalancey, en 1755, assermenté, curé de Saint-Broingt-les-Fosses, 1791-1795 ; de Chalancey, 1795-1805 ; de Savigny, 1805-1811 ; est curé de Pierrefaite de 1811 à 1816, année où il quitte le ministère ; il mourut en 1829.

28. DIDIER MESSAGER, curé, 1826-1828. Après avoir occupé différents postes dans le diocèse, M. Messager se retira à Mareilles, son lieu de naissance, et il y décéda en 1880. Oubliant généreusement les tracasseries que lui avaient suscitées quelques esprits malveillants, il fonda, par son testament, les Quarante-Heures, dans son ancienne paroisse de Pierrefaite.

29. JEAN-PAUL-THOMAS BIZOT, né à Rouvre-sur-Aube, en 1806, prêtre en 1829, curé de Pierrefaite, la même année, a laissé dans la commune les meilleurs souvenirs. Nommé curé-doyen de Juzennecourt en 1834, Mgr Parisis l'appela, en 1842, comme vicaire à la cathédrale de Langres. Ecclésiastique zélé, il quitta le ministère, en 1847, pour fonder à Plongerot, sous les auspices du clergé, un Institut agricole, destiné à recevoir les enfants délaissés. Ce bienfaiteur de l'humanité est mort aux suites d'une chûte, en 1883.

30. NICOLAS CRAPELET, né à Montigny-le-Roi, en 1804, ex-vicaire de Poissons, curé de Pierrefaite de 1834 à 1866, puis, de Lécourt, 1866-1890, année où il se retire dans son pays natal. Il y meurt l'année suivante.

31. JULES-CLAUDE BRIFFAUT, né à Vicq, en 1830, prêtre en 1855, ex-vicaire de Fays-Billot, 1855-1866, curé de 1866 à 1872, puis de Bussières-les-Belmont. Auteur consciencieux et apprécié de plusieurs histoires locales (1) : mort en 1897.

32. François-Eugène Courtot, né à Latrecey, en 1845, prêtre en 1869, ex-vicaire de Bussières-les-Belmont, curé de 1872 à 1887, année de sa mort.

33. Achille-Arthur Poirotte, né à Pérusse, en 1851, prêtre en 1874, ex-curé de Colmier, curé de 1887 à 1894, de Laferté-sur-Aube, 1894-1897, puis de Bussières-les-Belmont.

34. François-Oct. Roussel, né à Voncourt, en 1852, prêtre en 1878, ex-curé de Brennes, curé de Pierrefaite, depuis 1894.

(1) M. Briffaut a fait successivement paraître les histoires de *Vicq*, 1855 ; — de *Fays-Billot*, avec des notices sur les villages du canton, 1860 ; — de la *Ville de Champlitte*, 1869, pour laquelle il obtint, en 1866, une Mention honorable de l'Académie de Besançon : — de la *Vallée de l'Amance*, en collaboration, 1891 : — Une notice sur *Laferté*, insérée dans le *Bulletin de la Société historique et archéologique de Langres*, t. I, p. 378.

CHAPITRE IV

1. *L'Église.* — 2. *Le Presbytère.* — 3. *Les Écoles et les Maîtres.* — *Création d'une école de filles à Pierrefaite et d'une école mixte à Montesson.* — *Les recteurs d'école d'Ouge, avant la Révolution.*

§ 1er. — L'ÉGLISE

Autrefois, le cimetière, l'église, le presbytère et son jardin étaient compris dans une même enceinte, sur une butte entourée d'un fossé.

Tout ce que l'on sait de l'église qui a précédé celle que nous avons, c'est qu'elle était petite et très ancienne. Elle fut brûlée avec le village, en 1636, par les troupes de Gallas et, après la cessation des hostilités, les rares habitants échappés au fléau de la guerre et de la peste ne purent, à leur retour dans le village, que jeter à la hâte une couverture sur ses murs chancelants. Cette ruine dura encore plus d'un siècle. Dès l'année 1750, l'évêque de Langres, au cours de ses visites, signalait son délabrement et son insuffisance, au regard d'un accroissement considérable de la population. Mais on reculait devant la dépense, et, le mal continuant à s'aggraver, elle fut mise en interdit, le 26 mars 1776.

Cet acte de rigueur porta coup. Les syndics de Pierrefaite et de Montesson, N. Ageron et Et. Robin, s'empressèrent de convoquer une réunion des deux communautés, et N. Jobelin, juge en la seigneurie de Ray, vint, assisté de son greffier, N. Rousselot, revêtir la délibération de la forme juridique.

Les habitants commencent par exprimer la vive douleur qu'ils ressentent de voir leur église fermée. Ils confessent qu'elle a besoin d'être restaurée et agrandie, mais, pour faire face à cette entreprise, ils ne possèdent ni revenus ni biens patrimoniaux. Dans leur pénurie, ils supplient

Mgr l'Intendant d'ordonner un devis et une adjudication des travaux à exécuter, aux moindres frais possibles, et d'y faire participer tous les propriétaires des deux communautés, sans exception des privilégiés. En même temps, ils donnent plein pouvoir à leurs syndics et les chargent de faire toutes les démarches nécessaires, même celles relatives à la levée de l'interdit.

Cet requête reçut un accueil favorable et, toutes choses examinées, au lieu d'une restauration, on décida une reconstruction complète de l'édifice.

D'après l'usage des temps, les décimateurs de Pierrefaite, M. le doyen et M. de Minette ; M. Joly, tant pour lui que pour M. Lavisée, seigneur de Montesson, étaient chargés de rebâtir le chœur ; les habitants, la nef et les murs du cimetière. On adjugea, séparément, à Langres, le 31 décembre 1776, au même entrepreneur, Joseph Walter, le chœur pour 1.097 livres et la nef pour 9.093, sommes à payer en quatre annuités.

Les habitants s'acquittèrent d'une partie de leur dette par des prestations en nature : fouilles, extraction de la pierre, charrois, et ils ne déboursèrent, au premier versement, que 1.396 livres 10 sous (1).

On se mit à l'œuvre dès les premiers jours du printemps suivant. On disposa en chapelle, pour la durée des travaux, la grange du recteur d'école, située dans la grand'rue, à l'est de l'église et, le 7 mai, on y transporta solennellement le Saint-Sacrement. La première pierre de l'édifice sert de socle à l'angle sud-ouest du clocher ; elle porte cette inscription : « Bénite par M. Chopitel, posée par M. de Minette de Beaujeu, 3 mai 1777. »

Un délai de trois ans avait été accordé à l'entrepreneur ; au bout d'une année, tout était achevé. M. le doyen, autorisé à bénir la nouvelle église, était assisté, dans la cérémonie, de Marc-Antoine Tirlet, prêtre, chanoine en dignité de l'église Saint-Crépy-en-Valois ; de Louis Dubacq, chapelain en la même église et de J.-B. François, ancien chapelain de l'Église cathédrale de Langres. Etaient

---

(1) **Archives de Chaumont.**

aussi présents l'architecte Zénon, l'entrepreneur Walter, l'un et l'autre de Langres, le seigneur de Pierrefaite et tous les habitants, dans la plus vive allégresse.

Notre église est orientée et, depuis surtout que Montesson a sa chapelle, assez vaste pour contenir la population. C'est là tout son mérite. Totalement dépourvue d'idée architecturale, elle n'a pu rehausser la réputation du sieur Zénon. Le plus humble des maçons en eût conçu le plan. La nef, vaste salle rectangulaire sous plafond, d'environ 20 mètres de long sur 9 de large, reçoit la lumière par cinq ouvertures en plein cintre. Le chœur, de 6 mètres 50 au carré, avait une voûte en pierre, si mal combinée, qu'il fallut la démolir, en 1808, et lui substituer un vulgaire plafond.

On renouvela aussi le mobilier de l'église. Le retable de l'autel principal figure en relief, portée sur des nuages, d'où émergent des têtes ailées d'anges bouffis, la Vierge en son Assomption, patronne de la paroisse. Comme encadrement : quatre colonnes torses : autour, une vigne chargée de raisins que becquettent des oiseaux. C'est un sujet connu (1), mais l'exécution nous paraît d'un artiste assez habile. L'entablement, de style composite, est surmonté d'un médaillon, dans lequel un ange déroule une banderolle, où se lisent ces mots du livre des Cantiques : « *Veni coronaberis* : Venez recevoir la couronne. » De chaque côté de l'exposition, sont, du même artiste, deux petites statuettes en bois d'anges à genoux, dans l'attitude de l'adoration et de la prière. Le dossier et les panneaux de la chaire à prêcher représentent divers sujets : l'Ascension, le Sermon sur la montagne, le Bon-Pasteur. L'abat-voix supporte un ange aux ailes éployées ; d'une main il tient la trompette de l'Évangile et il s'appuie de la pointe de l'un de ses pieds sur le globe terrestre, tandis que l'autre se relève, comme si le messager de la Bonne-Nouvelle prenait son essor à travers le monde.

Les petits autels avaient été disposés aux angles de la

(1) Melay possède dans son église un retable identique au nôtre dans tous ses détails. — Celui de l'église de Voisey, plus vaste dans ses proportions, a moins de grâce et d'élégance.

nef, de chaque côté du sanctuaire, afin de n'occuper que l'espace le plus restreint ; mais, dès 1844, ils étaient vermoulus. On les plaça de face, après qu'un ouvrier adroit de la localité, François Légand, les eut réparés. Les images qui les décorent ne sont pas sans mérite. Le groupe de saint Joseph agonisant dans les bras de Notre-Seigneur, en la compagnie de la sainte Vierge, don de demoiselle Jeanne-Catherine de Minette, date de l'ancienne église. L'image de l'Ange-Gardien, posée et bénite en **1783**, provient de l'emploi d'une somme de deux cents livres, que légua à la Fabrique Françoise Malloire, veuve de N. Drouot, de son vivant, greffier en la justice de Pierrefaite. On remarque aussi dans l'église une peinture de la Madeleine, qu'une coupable négligence avait abandonnée aux ravages de l'humidité. M. Paul de Beaujeu (1), en souvenir de la générosité de ses ancêtres pour la décoration du Lieu-Saint, la gracieusement réparée, en 1876. Il regardait cette toile comme un original, ou, tout au moins, une belle copie du Guide. D'autres l'attribuent à un des Tassel (2).

La commune a fait exécuter à l'église, en 1803 et en 1844 des travaux importants, si on les compare avec la médiocrité de ses revenus. En 1880, la Fabrique obtint fort à propos de l'Etat une subvention d'environ trois mille francs, destinée à retenir la toiture (3).

Les souvenirs doux ou pénibles qui nous attachent à cet édifice nous ont entraîné dans ces menus détails : ils ne nous empêchent pas de reconnaître que, parmi les églises du voisinage, la nôtre est classée dans les derniers rangs, et de souhaiter qu'elle soit remplacée par un monument plus digne de la paroisse.

Malgré l'assertion contraire que M. Roussel a émise dans son *Diocèse de Langres*, Montesson a toujours été annexé à Pierrefaite, sous le rapport spirituel. On y a

---

(1) Le nom de M. *Paul de Beaujeu* a figuré avec honneur au Salon de peinture de 1880.
(2) *Tassel* (Pierre, Richard et Jean), peintres langrois. Richard, né en 1580, avait suivi, à Bologne, l'école du Guide.
(3) Registres de la commune et de la paroisse de Pierrefaite.

bâti, en 1860, une jolie petite église, particulièrement au moyen d'une somme de quatre mille francs, que demoiselle Marie Caublot avait léguée à la commune, dans cette intention. On regrette que, dans la construction, on ne l'ait pas préservée de l'humidité par un meilleur choix de l'emplacement et des matériaux (1). M. le curé de Pierrefaite la dessert depuis 1868 qu'elle est reconnue comme chapelle de secours. Son patron est saint Bernard et c'est la seule église du diocèse placée sous ce vocable. Depuis trente ans, Montesson a aussi son cimetière particulier.

§ 2. — LE PRESBYTÈRE

La première maison curiale existant dans la paroisse occupait l'emplacement actuel de la salle d'école ; on en a découvert les fondations en 1790. Après l'incendie de 1636, elle avait été laissée à peu près en ruine et le vicaire se logeait où il pouvait. Mais la résidence étant devenue obligatoire pour le curé, un presbytère s'imposait. Or, à l'est de l'église, entre le chemin communal et le ruisseau, s'étendait une petite langue de terre, cultivée en chènevière, avec une masure à l'une de ses extrémités ; le tout appartenant à Pierre Dhôtel. M. Dormoy, curé-doyen, acquit l'immeuble, se munit d'une sentence au Bailliage, ordonnant la reconstruction de la cure, d'une autorisation de traiter de gré à gré avec les intéressés, et il fit accepter à ses paroissiens la proposition de bâtir en cet endroit. Le rôle ordonnancé des dépenses à fournir comprenait les communiants d'Ouge, de Pierrefaite et de Montesson.

Le 14 juin 1668, les habitants de ces deux derniers villages, Ouge s'étant abstenu de paraître (2), se présen-

(1) On donne, il est vrai, comme excuse, la modicité de la somme à dépenser.

(2) Pierrefaite se souvint de cette abstention et prit sa revanche, en 1785. Ouge ayant fait réparer le chœur de son église voulut faire participer le doyen aux dépenses. Les deux communautés de Pierrefaite et de Montesson, assistées de leurs syndics, Ant. Peltret et François Neurien, se réunirent par devant François Thierry, bailli en la justice de Pierrefaite, et prirent, en forme d'acte de notoriété sur

tèrent avec leur curé, à l'issue de l'audience, devant Claude Varennes, juge en la justice de Ray et de la Tour, afin de s'entendre conjointement condamner à tenir, sous peine d'amende et de dommages-intérêts, les clauses et conventions qui suivent :

Les habitants verseront entre les mains de M. Dormoy, pour leur quote-part de l'achat du terrain et de la construction de la cure, la somme de 440 livres, payables par tiers, au commencement, au milieu et à la fin des travaux. Ils lui abandonnent douze pieds de chêne à choisir dans leurs bois et les matériaux de l'ancien presbytère, dont la place restera la propriété de la communauté. Chaque laboureur établi dans la paroisse et à une lieue à la ronde fournira deux charrois et chaque manouvrier, deux journées de bras. Quant à la somme due par les communiants d'Ouge, M. le doyen se mettra en mesure d'en poursuivre le recouvrement, comme bon lui semblera, sans recours contre les contractants.

De son côté, M. Dormoy s'oblige à bâtir un corps de logis composé de trois chambres basses avec, à l'entrée, une tourelle, dans laquelle sera enfermé l'escalier du grenier, et à le couvrir d'essendre, rayée de laves, de deux pieds en deux pieds ; les chambres seront parquetées ; les ouvertures closes et vitrées. Il devra aussi élever une grange pour héberger les dîmes et une écurie à côté ; creuser un puits, mettre en bon état la cave et la chambre à four au-dessus, aplanir le jardin potager, planter le verger d'arbres fruitiers et clore d'un mur le long de la rue.

Il reste d'ailleurs bien compris que tous ces travaux seront exécutés au profit de la communauté, pour servir de logement à M. le doyen et à ses successeurs (1).

Ce modeste presbytère, exactement construit sur le

l'état des lieux, une délibération constatant que les trois chemins entre Ouge et Pierrefaite étaient praticables à pied et en voiture ; qu'en conséquence, la succursale d'Ouge était sans nécessité. Là-dessus s'engagea un procès qui n'était pas terminé à la Révolution, malgré les pots de beurre envoyés d'Ouge à Besançon pour graisser les balances de Thémis. (Archives de Chaumont et d'Ouge).

(1) Archives de Chaumont.

plan que nous venons de décrire, a duré deux siècles, sans changements ni améliorations sensibles. Si faible que paraisse la dépense, il convient de tenir compte à une population restreinte, ruinée par les guerres, d'une bonne volonté que nous eussions aimé à retrouver dans des temps meilleurs.

La cure n'avait pas le seul défaut d'être trop étroite. Bâtie avec des matériaux défectueux et enfoncée au-dessous du niveau du sol, suivant la détestable habitude de cette époque, elle était humide, malsaine. Les terrassements que nécessita, dans le siècle suivant, la construction de la route de Bourbonne à Champlitte, augmentèrent ces inconvénients, qui justifient les plaintes des desser-servants. En 1830, la commune ayant vendu son premier quart de réserve et réalisé près de six mille francs, M. Bizot, alors curé, jugea le moment opportun pour placer sous les yeux du conseil municipal un rapport détaillé sur le mauvais état du presbytère.

Dans une lettre qu'il adresse au maire, il démontre que le logement est froid, incommode, pernicieux. Les boiseries tombent de vétusté et servent de repaire aux animaux les plus répugnants. Quelques-uns de ses prédécesseurs ont été forcés de l'abandonner, d'autres, en y restant, contractèrent des infirmités. « Pour moi, dit-il en finissant, je n'ai qu'une santé délicate et je ne puis que davantage l'affaiblir dans cette demeure insalubre. Mes supérieurs me recommandent d'y veiller ; c'est ce qui m'oblige à vous présenter ce mémoire, que je dois aussi faire parvenir à mon évêque. »

Ce lamentable exposé n'était que trop véridique, mais la commune avait en tête d'autres projets que celui de restaurer la cure. Elle manda, pour la forme, une sorte d'entrepreneur à qui l'on fit bonne leçon, et qui trouva, naturellement, que tout était au mieux dans la plus confortable des cures. A des réparations insignifiantes, on eut la générosité d'ajouter la promesse peu compromettante, « de joindre, *plus tard*, une nouvelle pièce à l'habitation, » et encore, « seulement à la considération de M. Bizot, pour lui prouver le sincère attachement que toute la commune lui porte. » Cette légère eau bénite de

cour avait eu le temps de s'évaporer lorsque, en 1834, **M.**
Bizot, nommé curé-doyen de Juzennecourt, quitta le
pays.

Son successeur, M. Crapelet, resta silencieusement dans
ce séjour meurtrier, jusqu'en 1845. Sa santé en souffrit
et, devant les continuels atermoiements du conseil municipal, il dépensa 800 fr. à se construire une chambre,
qu'il éleva d'un mètre au-dessus du sol. A la suite de
longues et pénibles discussions, on lui vota une indemnité
de 200 francs !

Lorsqu'il entra dans la paroisse, en 1866, M. Briffaut,
successeur de M. Crapelet, trouva une administration qui
avait dans son programme la reconstruction de la cure.
La commune s'imposa extraordinairement et elle obtint
du gouvernement, avec l'appui de M. Chauchard, député,
une subvention de quatre mille francs. La maison a coûté
dix mille trois cents francs. Les vieux matériaux, évalués
à huit cents francs, comptèrent en déduction. M. V. Loiselot en a été l'architecte, M. Faure, l'entrepreneur (1).

Notre presbytère est élégant et le logement convenable.
Les sacrifices que chacun dut supporter, à l'occasion de
cette entreprise, n'ont appauvri ni même gêné personne,
et la commune possède une cure dont elle a le droit d'être
fière.

§ 3. — LES ÉCOLES ET LES MAÎTRES

L'existence d'une école régulièrement établie à Pierrefaite est certifiée par la présence des Maîtres dans les
registres de la paroisse, depuis 1668. On ne trouve pas
leurs noms avant cette date, attendu qu'il n'était pas
encore d'usage de les faire signer aux actes, mais il y
avait certainement des recteurs d'école dans le village,
longtemps auparavant.

Nous ne faisons, toutefois, aucune difficulté d'admettre
que, sur la fin du xviiᵉ siècle, l'instruction était chez nous

(1) Archives de la paroisse et registre des délibérations de la commune de Pierrefaite.

peu répandue. On en donne la raison. Après une longue période de guerres, une population de deux cents âmes à peine, obligée de lutter pour sa propre vie, n'était pas à même d'envoyer assidûment ses enfants à l'école, ni de rétribuer suffisamment un maître. Aussi les mutations sont fréquentes. Voici les noms de nos premiers recteurs d'école connus. Martin Duguennois. 1668-1671 ; N. Rousselot, 1671-1672 ; Martin Duguennois susdit, 1672-1678 ; Antoine Garnier, 1678-1681 ; Toussaint Cœurd'hiver, 1681-1687 ; Louis Grassot, 1687-1690 ; Jean Millot, 1690-1694.

Le pays s'est repeuplé ; l'aisance est venue. Dès lors, et durant le XVIIIe siècle jusqu'à la Révolution qui marque un temps d'arrêt, l'instruction suit une marche ascendante ininterrompue. Deux causes concourent à ce résultat. L'une, toute locale, est la longue durée des Maîtres dans leur emploi. Trois recteurs d'école seulement, se succédant de père en fils, remplissent une période de cent quinze ans.

Nicolas Mulson, le premier, fait la classe de 1694 à 1733 ; avec l'aide de son fils aîné, Antoine, de 1710 à 1711, puis de François, qui lui succède et reste en fonction jusqu'à 1783. Dès l'année 1769 il s'est adjoint son fils, Jean-Baptiste, qui, lui-même, enseigne jusqu'à 1810 (1).

Une autre cause de progrès, plus efficace encore et générale dans le diocèse, c'est l'impulsion active que l'Église, chargée de l'instruction, imprime à l'enseignement primaire. Elle exige des maîtres des connaissances plus étendues et elle veut que leur situation, cessant d'être

---

(1) Cette famille, dont le chef, N. Mulson, vint, en 1692, habiter Pierrefaite, avec son épouse, Jeanne Béguinot, a aussi fourni des recteurs d'école à Ouge, à Broncourt, aux Loges, etc.

Claude Mulson, avocat, auteur du Dictionnaire des mots du patois de Langres, imprimé en cette ville, chez A. Defay, en 1822, était le petit-fils de François Mulson et le cousin issu de germain de Joseph Daguin, ecclésiastique langrois, fidèle et déporté, pendant la Révolution, fils de N. Daguin, maître horloger à Langres.

Claude Mulson est mort à Langres, le 3 septembre 1847. Il léguait, par son testament, aux Hospices de la ville, la somme de six mille francs, pour servir à faire apprendre des métiers aux orphelins pauvres de l'endroit. (Archives des Hospices de Langres, registres de la commune de Pierrefaite, etc.).

précaire, soit assurée par des traités avec les communautés.

Pour enseigner, il faut d'abord avoir subi avec succès un examen devant un des membres, délégués par l'Évêque, d'une commission nommée *Bureau*, sur un programme déjà sérieux. Muni de son brevet d'aptitude, le candidat n'est autorisé à exercer qu'après avoir produit, avec son certificat de bonnes vie et mœurs, le contrat qu'il a dû passer avec les habitants du lieu où il se propose de tenir l'école, « car il est d'usage, écrit le Bureau, le 23 mai 1740, de ne point approuver de maître qu'il ne soit porteur d'un bail en forme. »

Le marché que François Mulson signe avec la communauté, en 1747, nous apprend que chaque laboureur lui devait, annuellement, comme traitement de ses fonctions de maître, une quarte de blé comble, mesure de Fays, et chaque manouvrier, une quarte raclée de la même graine. Les mois d'école sont de 4, de 5 et de 6 sous par mois, suivant que les élèves apprennent à lire, à écrire, à calculer. A ce traitement s'ajoutaient le *casuel* et la rétribution de chantre et de sonneur. Pour ce dernier service, tout cultivateur établi sur le finage payait dix sous et une gerbe de blé ; le forain, une gerbe de la graine qu'il avait récoltée et le manouvrier, dix sous pour tout (1).

Quant au programme d'enseignement, l'Église se borne à rendre obligatoires la lecture, l'écriture, le calcul, le catéchisme et le plain-chant. Elle laisse le maître juge d'adapter le surplus de ses leçons aux divers besoins des élèves et des localités ; système vraiment libéral, qui soutient avantageusement la comparaison avec l'universalité de nos programmes prétentieux et le despotisme unitaire de l'État.

En outre, le vicaire ou le curé ouvrait, au besoin, une

---

(1) Ces traités avec les communautés, dont l'usage était général en France, ne doivent pas nous faire prendre en pitié la situation de nos anciens maîtres d'école. Ce serait nous abuser que de nous apitoyer sur leur sort. Leurs fonctions les rendaient respectables aux yeux des populations et, avec leurs traitements, qu'ils trouvaient suffisants, sans doute, puisqu'ils les acceptent sans se plaindre, ils savaient élever honorablement leur famille.

sorte de cours supérieur, où étaient admis les élèves plus âgés, mieux doués ou qui désiraient commencer le latin.

Ces sages et intelligentes mesures, dont le mérite revient à l'Église, jointes au dévouement des Maîtres, produisirent les plus heureux résultats, que nous pouvons traduire en chiffres. Tandis que, de 1690 à 1696, 25 mariages ne donnent que trois signatures des époux, 47 notables sur 63 présents signent la délibération prise en 1776 par les communautés de Pierrefaite et de Montesson, au sujet de la reconstruction de leur église et, de 1784 à 1790, sur 18 mariages, 15 sont signés par les conjoints.

Cependant, un obstacle sérieux s'opposait encore à la pleine diffusion de l'instruction dans le village, c'était l'exiguïté du local scolaire. Obligé de le fournir, le maître entassait ses élèves dans une des pièces de sa maison, insuffisante de plus en plus avec l'accroissement de la population. Depuis longtemps, M. Chopitel, curé-doyen, souffrait de cet état de choses malheureux, lorsque, en 1789, il communiqua à ses paroissiens son intention de construire un bâtiment assez spacieux pour recevoir tous les enfants. Les habitants, enchantés d'un projet « regardé comme le plus grand bienfait par lequel leur vénérable pasteur voulait terminer sa longue et honorable carrière, » lui promirent leur concours. On choisit l'emplacement à côté du cimetière, sur un terrain vague, planté d'arbres fruitiers, dont la récolte était adjugée, chaque année, au profit de l'Église. M. de Minette fournit les bois nécessaires. On grava sur la porte d'entrée ces paroles des Saintes-Lettres : « *Educate eos in disciplinâ et scientiâ Domini;* Élevez-les dans la science et la crainte de Dieu. » M. le doyen bénit l'école, le 15 novembre 1790. On y plaça des bancs, des tables, des encriers, un fauteuil, un bureau, et le maître y fit la classe jusqu'aux vacances de 1791, qui s'ouvraient au mois de juin, époque des grands travaux de la campagne.

Sur les entrefaites, M. Chopitel, chassé du presbytère, à cause de son refus de prêter serment à la Constitution civile du clergé, s'était retiré dans cette construction, qu'il considérait comme sienne. Les patriotes l'en firent expulser et un procès s'engagea, qui ne prit fin qu'en 1807. Condamnée par le tribunal civil de Langres, la commune, « afin d'éviter les frais qu'aurait entraînés l'exécution du jugement, » transigea avec les héritiers de M. Chopitel, pour la somme de trois cents francs (1).

En 1812, M. Pinget ayant abandonné à la commune, moyennant neuf cents francs, sa maison contiguë à la salle d'école, on installa l'instituteur dans le logement et, en 1834, l'on établit dans les dépendances, la mairie, la chambre de la pompe, etc.

M. Dumoulin, qui, en 1810, avait remplacé J.-B. Mulson dans les fonctions de Maître, mourut en 1813, et il eut pour successeur Antoine Vauthrin, originaire de Vitrey (Haute-Saône). En 1827, on lui vote un premier traitement de trois cents francs ; les mois d'école sont sur le pied de 30, de 40 et de 50 centimes. Montesson continue, comme avant, d'envoyer ses enfants à Pierrefaite et de payer en nature. On y comptait dix familles de laboureurs et dix-sept de manouvriers. Les premiers donnent, par an, chacun dix-sept litres ou une quarte de blé ; les seconds, 1 fr. 75. Pendant les mois rigoureux de l'hiver, l'instituteur envoie à Montesson un élève-maître, qui réunit les enfants dans un local fourni par les parents et reçoit la redevance au prorata de ses services.

D'après le règlement que lui imposa la commune, le maître d'école devait enseigner huit enfants pauvres, désignés par le comité local ; former, en raison d'une gratification de vingt francs, deux élèves-chantres, pour le remplacer au lutrin, pendant la semaine ; fournir deux acolytes au desservant, dans l'administration des sacrements, et, chaque jour, un servant de messe, au moins ; chanter à l'église, les dimanches et les fêtes, et supprimer le congé de la soirée du jeudi, lorsque sa présence serait indispensable à un office, aux heures des classes.

Ce règlement, comme on voit, ne laissait aucune prise à l'arbitraire et il conciliait admirablement les exigences de l'école et les besoins du culte.

(1) Archives de la commune de Pierrefaite. *Procès avec les héritiers Chopitel.*

A Antoine Vauthrin, que la commune avait remercié de ses services, en 1834, succède François Mathieu. Il est notre premier maître muni d'un brevet de capacité. On était alors sous l'empire de la loi de 1833, qui reconnaissait aux communes le droit de choisir leurs maîtres d'école, et, quoique sans compétiteur, on soumit M. Mathieu à une nouvelle épreuve devant le comité local et une commission composée, entre autres examinateurs, de MM. Camus et Chevillot, instituteurs du 1er degré, l'un à Fays-Billot, l'autre à Hortes. Son traitement fut élevé à 400 fr. et la rétribution scolaire unifiée à 50 centimes par mois, sans distinction d'élèves. M. Mathieu exerça pendant trente-cinq ans à Pierrefaite et il y mourut, en 1891. Admis, en 1872, à faire valoir ses droits à la retraite, il eut comme successeur M. Marchal.

Désormais, les communes s'étant naïvement laissé dépouiller du droit de contrôle sur les écoles, nous n'avons plus à nous occuper, dans notre histoire, des instituteurs, simples fonctionnaires du gouvernement. Si les communes, comprenant mieux leurs intérêts, veulent recouvrer leur liberté, elles n'ont qu'à s'entendre et à n'élire que des représentants bien décidés à revendiquer des écoles vraiment communales, où les pères de famille, par l'organe de leurs mandataires, aient quelque chose à voir et à dire pour l'admission des maîtres et le caractère de leur enseignement.

Fondation d'une école de filles. — L'instruction primaire, arrêtée dans son développement pendant la période révolutionnaire, ne reprit que péniblement sa marche, au commencement du siècle. Les filles, surtout, restaient généralement ignorantes et nos pères avait le tort de n'en prendre qu'un léger souci. Il est juste de dire à leur décharge, qu'il leur répugnait aussi de les envoyer dans un local, déjà sans proportion avec la population scolaire, où l'œil d'un seul maître n'aurait peut-être pas suffi à une vigilance active et délicate.

Emues de cette situation, deux pieuses demoiselles de Pierrefaite, Claudette et Anne Questel, eurent alors l'heureuse inspiration de consacrer une partie de leurs biens à la création d'une œuvre de bienfaisance, appelée

5

à rendre à leur pays les services les plus précieux. Dès l'année 1823, elles écrivaient de Langres, où elles habitaient en ce moment, une lettre au maire, lui faisant part de leur intention de fonder dans la commune un établissement, destiné à l'éducation des jeunes filles et au soulagement des malades. Dans ce but, elles offraient leur maison, composée de trois chambres et d'une grange à côté, avec un jardin derrière, leur part dans un enclos près de l'église, une émine de blé par an et le mobilier nécessaire à deux religieuses, laissant à la commune le soin de disposer la salle d'école et de compléter le traitement.—Dans sa réponse, M. de Minette, maire, les félicite chaleureusement de leur proposition ; tous ses administrés en sont pénétrés de reconnaissance. Il accepte leur offre avec empressement et regrette que la commune ne puisse rivaliser avec elles en générosité. Elle a de si faibles revenus qu'elle épuise toutes ses ressources en votant la somme de cent vingt francs par an, qui complètera à peu près le traitement demandé ; à moins que, à l'exemple d'Ouge et de Laferté, l'on ne se contente, dans les commencements, d'une seule religieuse.

Cette dernière combinaison ne pouvait plaire aux donatrices ; elles voulaient que leur œuvre fût entière dès le début. Les pourparlers qui suivirent retardèrent l'exécution de la fondation jusqu'à 1826. Par décret du 2 février, la commune était autorisée à recevoir deux religieuses de la Providence de Portieux (Vosges), dont l'une serait titulaire de l'école et l'autre préposée à la visite des malades. D'après une des clauses de la fondation, l'institutrice devait recevoir gratuitement six élèves de Pierrefaite et six de Montesson.

En 1830, on comptait dans chacune des classes de filles et de garçons, soixante enfants en hiver, une vingtaine en été.

Les Congrégations religieuses, en popularisant l'idée de la séparation des sexes dans les écoles et en fournissant le personnel enseignant, ont rendu un immense service à l'instruction primaire. Pour les récompenser aujourd'hui de leur dévouement, on les exclut de l'enseignement public et on les expulse impitoyablement de leurs établissements. C'est ce que, de nos jours, on appelle *liberté !*

Création d'une école mixte à Montesson. —Montesson a une maison scolaire depuis 1834. Les habitants se cotisèrent pour la bâtir. Le traitement du maître se composa, à l'origine, d'une somme de 45 fr. 55, produit d'un impôt extraordinaire et de la rétribution mensuelle fixée à 30, 40 et 50 centimes, suivant l'enseignement donné à chaque élève. Il y avait dans la classe une trentaine d'enfants en hiver. Tous étaient payants, « attendu, dit la délibération du Conseil municipal à ce sujet, que chaque père de famille peut satisfaire à cette légère dépense. » Le poste était maigre, mais il s'améliora insensiblement, jusqu'au jour où la loi eut placé l'instituteur sur le pied de ses collègues.

La maison construite en 1834 ne comprenait que deux pièces ; l'une servant à la tenue de l'école et aux réunions du conseil ; l'autre, de logement au maître. La commune est absolument dénuée de ressources, et ce n'est qu'en 1889 qu'elle obtint une subvention qui lui permit de rendre plus tolérable la situation de l'instituteur, en élevant le bâtiment d'un étage.

Les Maitres d'école d'Ouge jusqu'à 1792. — 1. Blairet, 1679-1694.— 2. Ant. Garnier, 1695-1702. — 3. Fébure, 1702-1710.— 4. Hubert Thierry, 1711-1716. — P. Bernard, recteur d'école à La Quarte, 1715. — 5. Jacques Thierry, fils d'Hubert, susdit, 1717-1727. — 6. François Lambert, 1727-1755. — 7. J.-B. Duchêne, 1755-1756. — 8. Sébastien Mulson, 1756-1762, année où il meurt. — 9. Nicolas Mulson, neveu du précédent, 1762-1792.

CHAPITRE V

Le village

1. *Le village, depuis ses origines jusqu'au commence-*
ment du XVIIᵉ siècle. — 2. *Sa destruction en 1636.*
— Sa reconstruction. — 3. *Principaux faits le con-*
cernant, de 1648 à 1789.

§ 1. — LE VILLAGE ; DE SES ORIGINES AU XVIIᵉ SIÈCLE

Bien que la plupart de nos villages tiennent cachée
leur origine dans la nuit des temps et que leur naissance
ne donne guère lieu qu'à des conjectures, nous plaçons
les premiers établissements sur notre territoire le long de
la voie romaine, aux lieux dits : le *Châtelet*, les *Ser-*
queux ; mais, à part les trouées que les Conquérants de
la Gaule avaient pratiquées à travers la forêt, pour la
construction de leurs routes, l'installation de leur camp et
de leurs travaux de défense, le reste du pays était couvert
de bois impénétrables.

La première colonie agricole serait venue, dans la
période Gallo-romaine, se fixer auprès de l'abondante
source de *La Dhuis*, qui coule à l'extrémité sud de Pierrefaite, et ce serait là que les prédicateurs de l'Evangile
auraient rencontré nos ancêtres idolâtres, planté la croix
et fondé un Baptistère.

La lumière de la foi s'étant répandue, on traça, à quelques pas de ce Baptistère, une vaste enceinte circulaire,
destinée à enfermer le cimetière, l'église et une maison
presbytérale. On l'éleva en motte, par un énorme entasse-
ment des terres tirées des fossés creusés autour et amenées
des champs voisins. Cette enceinte, que protégeait un
rempart, si élémentaire qu'il fut, servait aussi de refuge
aux chrétiens contre les incursions des bêtes sauvages et
des peuplades errantes encore païennes. Aussi bien, cette

œuvre, qui suppose un concours de bras considérable, et l'étendue de l'enclos rendent plus vraisemblable l'opinion que, dans les premiers temps du Christianisme parmi nous, notre cimetière était commun aux pays circonvoisins, mais non, sans doute, à tout le territoire du futur doyenné, comme on l'a dit, dans le but d'appuyer un système préconçu.

Plus tard, à la faveur de l'anarchie régnant au x⁰ siècle, un maître s'éleva, qui étendit sa domination sur le pays, sous couleur de le mieux défendre, et il bâtit, au bord du vallon et à distance de l'église, sa maison-forte, noyau d'une nouvelle agglomération d'habitants. Ils y furent attirés par des concessions de terrains, la facilité de la culture et la protection plus efficace que leur assuraient les murs du château féodal.

Les premiers colons avaient défriché la plaine au sud, encore humide et froide ; les autres portèrent leur préférence sur la crète et sur la pente des collines, terres plus légères, mieux assainies et rapprochées de leur demeure.

Les vieux titres signalent, au xiie siècle, deux moulins le long de notre petit cours d'eau et une *Maladrerie*. Cet hospice, que nous attribuons à la générosité de nos premiers seigneurs connus, situé au fond du vallon, à côté du chemin de Pierrefaite à Fays, actuellement, la *Malade*, était spécialement affecté au traitement de la lèpre, horrible maladie contagieuse très répandue à cette époque. Si nous en avons bien découvert la place, dans une dépression du sol, jadis clôturée d'un mur et nommée le *Poèle*, cette maladrerie aurait eu environ quinze mètres de long et douze de large.

Sur un point écarté du finage, dans la vaste plaine qui s'étend entre Pierrefaite, Fays et Charmoy, climat du *Bois des Côtes*, on avait eu l'heureuse idée de créer un autre centre de culture, que l'on appela *Moython* (1). Au commencement du xiiie siècle, le sire de Pierrefaite en dispute la dîme aux moines de Beaulieu. Détruit pendant les guerres du xive siècle, cet essai de colonisation n'a pas

_____

(1) *Moython*, nom d'une ancienne mesure de grain.

été repris dans la suite, mais la contrée en a retenu, au xvie siècle, le nom de *Côtes-Moython*, dont on a fait par altération, *Màtron*. Vers le milieu du siècle dernier, en déblayant les ruines qui se voyaient en cet endroit, on mit à découvert l'orifice d'un puits que l'on vida, et au fond duquel on ne trouva que des ustensiles de cuisine. Depuis cette époque, c'est la contrée du *Puits-Matron* (1).

Condition des personnes. — Au xiie siècle, époque à laquelle remonte l'histoire bien connue de Pierrefaite, l'esclavage antique, disparu depuis longtemps, s'était transformé en servage ou *colonat ;* mais les classes inférieures, — cette humble notice en a donné un aperçu, — était loin de participer à tous les droits de la liberté individuelle et de la propriété. Le colon, taillable et corvéable, ne peut quitter le sol où il est né, se marier hors du fief, disposer de ses biens, à titre onéreux ou à titre gratuit, sans l'aveu de son seigneur, qui conserve le domaine éminent de tout l'avoir de ses sujets, et recueille l'héritage de toute famille servile qui vient à s'éteindre. Le seigneur lui-même, maître absolu dans ses terres, ne jouit pas d'une indépendance complète ; il est lié par des devoirs envers un supérieur, de qui il tient ou est censé tenir son bénéfice.

Cette époque de transition, entre les temps anciens, où l'homme était l'esclave de l'homme, et la civilisation moderne, fut le règne de la *Féodalité,* système social où nul n'était encore réellement libre, où tous, seigneurs, bourgeois, artisans, serfs, suivaient la condition du sol auquel la naissance les avait attachés, où enfin, pour trouver quelque chose de la liberté, il fallait revêtir les fonctions de la cléricature ou le froc du moine.

L'Eglise n'a jamais fait défaut à sa mission de tendre une main secourable à l'humanité souffrante. Un des moyens qu'elle employa pour la soutenir dans sa marche lente et pénible vers l'égalité sociale, ce fut de multiplier

_____

(1) L'opinion, qui, faisant dériver *Matron* de *Matrona*, plaçait, en cet endroit, un ancien couvent de femmes, détruit par Gallas, est dénuée de tout fondement.

les monastères, comme autant de refuges bénis, en ces temps déshérités de paix et de bonheur. La France, aussi bien que les autres pays de l'Europe chrétienne, en était couverte. Aux quatre points cardinaux de Pierrefaite, et sur un rayon de moins de trois lieues, la Religion avait créé trois abbayes d'hommes : Cherlieu, Vaux-la-Douce, Beaulieu ; une de femmes : Belmont ; toutes de l'ordre de Citeaux, dont la règle vraiment philosophique et sociale, admirablement appropriée à ces circonstances de décadence agricole, recommande, entre autres choses, le travail des mains. Les seigneurs dotent ces pieux asiles, leur abandonnent des terrains souvent improductifs, des vallons sauvages. Les moines, eux, défrichent les bois, assainissent les marais, plantent la vigne, construisent des fermes, où sont entretenus de nombreux troupeaux, et donnent à toute la contrée l'exemple d'une activité et d'une exploitation intelligente de la terre, jusque là inconnues. Et, comme ils ne consomment pas tout ce qu'ils récoltent, ils gardent pour les pauvres la meilleure part (1). Ce qui prouve, soit dit en passant, qu'à ne les considérer qu'à ce seul point de vue, les moines étaient plus travailleurs et ont rendu plus de services à la société que la plupart de ceux qui déblatèrent si sottement contre eux.

Pierrefaite eut l'honneur insigne de fournir un abbé à l'opulente abbaye de Cherlieu, dans la personne d'*Eudes*, probablement un des derniers descendants d'Arnoult de Reynel. Les chroniques du temps nous apprennent qu'il trouva la mort en défendant héroïquement son monastère contre un parti ennemi venu pour le ravager, en 1358. Date lugubre! avec laquelle nous sommes introduits dans la période la plus obscure et la plus longuement calamiteuse de notre histoire. Pendant cent ans et plus, tout se tait pour nous. Deux fois seulement, le nom de Pierrefaite se glisse furtivement dans une courte note, qui sonne comme un glas de mort sur une suprême désolation.

---

(1) Chaque jour. on faisait à Vaux-la-Douce, à Cherlieu et à Beaulieu, l'aumône aux pauvres qui se présentaient. Le Jeudi-Saint, il en venait une foule des villages circonvoisins. En 1750, on en compta près de 1400, à l'abbaye de Beaulieu.

Résumons en quelques lignes les causes générales de ce silence significatif.

Une rivalité qui devait durer un siècle avait éclaté entre la France et l'Angleterre. Les défaites de Crécy, 1346, de Poitiers, 1350, d'Azincourt, 1415, n'eurent pas ce seul résultat d'humilier notre orgueil national ; elles traînèrent après elles, dans le pays, un horrible cortège de maladies, de pillages et de massacres. Désolée par la peste de 1348, laquelle, dit-on, fit périr un tiers de ses habitants (1) ; dépeuplée par la famine, la France, pour comble d'infortune, est livrée en proie à l'anarchie, à la guerre civile et à l'invasion étrangère.

Les paysans, irrités contre les seigneurs, cause à leurs yeux de nos premiers désastres, et croyant le moment venu de venger leurs longues souffrances, s'arment et se jettent sur les châteaux mal gardés, dans l'espoir d'en finir avec les nobles. Surpris d'abord par cette attaque imprévue, ceux-ci suspendent leurs querelles particulières, s'unissent et noient dans des flots de sang ces aspirations prématurées à l'indépendance.

A la faveur de la licence et du désordre qui règnent en France, des troupes de bandits, composées de soldats licenciés, de déserteurs et de gens sans aveu, — les *Routiers* sous Charles V, les *Malandrins* sous Jean-le-Bon, les *Retondeurs*, après le traité de Brétigny, que le peuple a désignés sous le nom général de *Grandes Compagnies*,— parcourent les provinces, le fer et le feu à la main. Entre temps, les guerres que se font les barons, parmi nous, les Vergy contre les Choiseul d'Aigremont ; l'invasion d'une bande d'Allemands conduite par le comte de Montbéliard, continuent à ravager nos campagnes.

Dans ces extrémités, les pauvres et rares habitants de Pierrefaite profitent d'une trève pour se placer sous la protection directe des sires de Vergy (1390). Mais bientôt la guerre se rallume et, après la journée d'Azincourt, les Anglais s'emparent de la forteresse de Coiffy et pillent notre contrée, 1428.

---

(1) Hecker et Hœser ont établi que tous les pays éprouvés par la peste de 1348 perdirent un tiers de leurs habitants.

La paix d'Arras (1435) et l'expulsion des Anglais, à laquelle les Vergy prennent une glorieuse part, en les chassant de Coiffy, de Montigny, de Nogent, ne terminent pas nos maux. Les campagnes ont encore affaire aux Grandes Compagnies, et les *Écorcheurs* marquent leurs pas par le viol, le meurtre, l'incendie et tous les genres de cruautés. Viennent, ensuite, les hostilités entre la France et la Bourgogne, entre la Bourgogne et la Lorraine, et Pierrefaite, situé à la frontière, est perpétuellement foulé aux pieds des soldats et des pillards. On n'est donc pas surpris de le trouver parmi les villages que Jean d'Amboise, évêque de Langres, 1481-1497, secourut de ses deniers, « esquels les ennemis du royaume ont esté logé et ont prins et emmenés prissonniers tous les bons hommes, tout le bestail et autre meuble, gasté tous leurs blés et autres grenes et ont de tout gasté, tant par lesdits ennemis que par les gens du roy qui, depuis, y sont venus pour les rebouter et les chasser. »

Enfin, une paix durable s'établit et, avec elle, s'ouvre une ère de prospérité. Sous le règne de Louis XII (1498-1515), le paysan est délivré des rapines de guerre, « nul ne serait assez hardi pour rien prendre sans payer ; les poules courent hardiment dans les champs et sans risques. » L'agriculture prend un essor merveilleux. « La tierce partie du royaume est défrichée en trois ans, » dit un auteur contemporain.

Jusque vers la fin du XVᵉ siècle, Pierrefaite reste entouré d'une large ceinture boisée, couvrant près de la moitié du finage. Au nord, à l'est et au sud, la culture a poussé à distance la forêt, laissant une traînée d'arbres le long des chemins. Au XVIIᵉ siècle, un corbeau peut encore aller et venir entre l'église et le bois La Reine, en sautant de branche en branche. A l'ouest, la contrée demeure à peu près intacte, et c'est de ce côté que se porte le principal effort. Les défrichements effectués sont si considérables que, si le fait n'était général en France, on serait tenté d'admettre l'arrivée dans le pays de plusieurs de ces familles étrangères qui, au dire de certains historiens, chassées par les guerres et par la famine de la Normandie et de la Picardie, seraient venues se réfugier et auraient pris séjour parmi nous. Les seigneurs, y trouvant leur avantage, encouragent ce mouvement. Leurs bois, grevés du droit d'usage ne leur étaient d'aucun profit, tandis que, livrée à la charrue, la terre sera soumise à la dîme et au cens.

On distingue, dès lors, à Pierrefaite, trois sortes de biens : 1° *Les propriétés seigneuriales ;* la plupart encore en bois.

2° *Les anciens héritages* ou *biens patrimoniaux,* comprenant la totalité des fortunes particulières, que les familles ou les individus ont reçues de leurs ancêtres ou acquises de leurs deniers. Ces biens sont sous la surveillance de leurs maîtres respectifs qui, seuls, en recueillent les fruits.

3° Les *terres de commun.* Elles sont, elles-mêmes, de deux espèces. Les unes, abandonnées de temps immémorial par les seigneurs à leurs sujets, ont constitué le patrimoine inaliénable de la généralité des habitants et, traversant les siècles, se nomment de nos jours les *communaux.* Ces terres sont voisines de l'ancien château. Les autres, plus éloignées du village, remontent aux grands déboisements des xve et xvie siècles. Plusieurs des climats dont elles étaient composées ont conservé jusqu'à nous, plus ou moins correctement, les noms de ceux qui les ont primitivement exploités ; mais, à la différence des premières, ces terres étaient susceptibles d'échange, de vente ou de partage, et, de fait, elles ont presque toutes subi l'une ou l'autre de ces modifications. Des mandataires électifs gouvernent ces terres de commun, et les produits appartiennent à l'universalité des habitants.

Voici, d'ailleurs, quels sont, au xvie siècle, l'état des biens, les privilèges et les droits de la communauté.

Elle possède : 1° Plusieurs vieux pâtis, savoir : le *Vernois,* les côtes de la *grande et de la petite rues,* la *Voie de la prairie,* dans toute sa longueur et, en largeur, de chaque côté du ruisseau, jusqu'aux terres labourables, l'*Essart-Boillot,* l'*Essart-Bacque,* la *Noue-Henri.*

2° Les climats suivants cultivés ou non : la *Gîte,* le *Grand-Essart-sous-Velars,* les essarts *Fils-Jean, Didier* et *Déjà,* la *Voie-de-Charmoy,* les *Côtes-Moylhon,* la *Voie-de-Fays,* la *Noue-des-Frênes, Champrebet* et *Pautel ;* le tout tenant, d'une part, aux finages de Charmoy et de Fays ; de l'autre, au canton du *Bois des Côtes,* naguère extirpé (1), et aux bois des seigneurs de Vergy *Vaux-Martel* et *La Reine :* ayant pour limites, au nord, le chemin de Maizières, au sud, les terres de Broncourt. Tous les bois, buissons, arbres fruitiers, croissant en ces climats et le long des chemins, sont la propriété des habitants, qui en disposent à leur gré.

3° La communauté a le droit d'enlever, dans la forêt des seigneurs, le bois mort et le mort bois (2), ainsi que tout ce qui est courbe, tordu ou rompu ; chaque ménage y prend une voiture de bois vif, la veille de Noël, et les cultivateurs y coupent, mais sans abuser, ce qui est nécessaire à l'entretien de leurs chariots et de leurs charrues, comme il en a toujours été.

4° Elle jouit, dans ces mêmes bois, du droit de pâture pour tous les animaux, hormis le temps de *grenier* (3) ; de même, sur les terres des seigneurs, la récolte faite, et dans leurs prés, après l'enlèvement de la première tonsure, suivant la coutume de Sens.

5° Tous les ruisseaux appartiennent aux habitants. Il leur est loisible d'y pêcher, en toutes saisons, et même, d'épuiser.

6° Les seigneurs fournissent le bois nécessaire au chauffage du four banal. Les fourniers, responsables de la pâte qui leur est confiée, doivent rendre un pain bien confectionné et cuit à point, sous peine de dommages-intérêts (4).

— A cette époque des grands défrichements, les limites

---

(1) *Le bois des Côtes* a été inconsidérément arraché vers 1550 ; le terrain n'était pas propice à la culture. La ferme construite pour l'exploiter a retenu le nom de *Ferme du Bois-des-Côtes,* appelée aussi de nos jours : *Ferme du Roy.* La plupart des terres qui en dépendaient autrefois, ont été, à différentes époques, vendues à divers particuliers.

(2) *Bois mort,* arbre séché sur pied ; *Mort bois,* bois d'essence inférieure, verne, saule, etc.

(3) *Temps du grenier* ou *grener,* temps de la récolte.

(4) Archives de la commune de Pierrefaite.

entre les villages voisins étaient, en quelques endroits du finage, vagues, incertaines. On n'y regardait pas de si près avec les droits d'usage dans les bois ; mais maintenant qu'ils sont livrés à la culture, chaque communauté veut avoir son compte.

C'est ainsi que, en 1515, les habitants de Pierrefaite ayant prétendu que ceux de Fays avaient usurpé et s'étaient approprié une partie de leurs terres de commun, dites en *Plantemont* et à la *Noue-des-Frènes*, tandis que ceux de Fays soutenaient qu'ils n'avaient essarté et cultivé que ce qui avait toujours appartenu à leurs ancêtres, on résolut de vider la querelle par la voie de l'arbitrage. La plus grande et saine partie des habitants de chacune des deux communautés s'assemblèrent et, du consentement d'Odot Viennot, procureur à Fays, ainsi que de Didier Drouaïllet et de Guillaume Peltier, procureurs à Pierrefaite, ils élurent huit hommes de part et d'autre. Ces huit fondés de pouvoir firent ensemble serment de bien et justement *confiner*, limiter et séparer les deux finages. Après avoir visité et examiné les différents lieux, objets de la contestation, ils tombèrent d'accord et fixèrent des bornes. Les parties ratifièrent les opérations et l'on en dressa procès-verbal, le 10 juin, en présence de Pierre Jachiet, prévôt de Fays et d'autres hommes honorables (1).

Un travail du même genre eut lieu entre les communautés de Pierrefaite et de Charmoy, dans le but de fixer les limites de leurs territoires respectifs au *Plain-de-la-Vendue*. On traça, en cet endroit, une ligne de démarcation, suivant laquelle plusieurs bornes furent plantées, et l'on dressa procès-verbal de l'arrangement (2).

§ 2. — NOUVELLE PÉRIODE DE GUERRES. — DESTRUCTION
DU VILLAGE. — SA RECONSTRUCTION

Depuis un siècle et demi, Pierrefaite jouissait d'une

---

(1) Archives de la commune de Pierrefaite et *Histoire de Fays-Billot*. par Briffaut, p. 49.
(2) Archives de la commune de Pierrefaite.

paix qui n'avait pas été sérieusement troublée (1). Sa
population s'était sensiblement accrue ; on comptait dans
le village environ trois cent vingt habitants, quand de
nouveaux malheurs vinrent fondre sur lui et le détruire
de fond en comble.

Rappelons d'abord quelques faits de l'histoire générale.
Lorsque, en 1624, Richelieu, principal ministre de Louis
XIII, arriva au pouvoir, l'Allemagne était déchirée, depuis
six ans déjà, par une guerre qui ne devait finir qu'en
1648, et qu'avait allumée l'antagonisme du parti protestant
dominant dans le nord de cette contrée et du parti catholique, représenté par l'Autriche et l'Espagne. Richelieu,
quoique cardinal, se mit du côté des protestants, parce
que, tout en combattant pour leurs intérêts religieux, ils
étaient les défenseurs de la France contre la domination
des deux branches redoutables de la maison d'Autriche.
Son intervention en Allemagne se borna, d'abord, à la
diplomatie et à des secours en argent ; mais, en Italie, il
attaqua ouvertement les Espagnols et, après les avoir
battus, il se tourna contre le duc de Savoie, leur allié.
Dans cette dernière guerre, qu'il conduisit en personne, le
cardinal eut à lutter, en même temps, contre des intrigues
de cour, dont le but était de le perdre dans l'esprit du roi,
en faisant échouer l'expédition. Par une entente secrète
avec la reine-mère, Marie de Médicis, les deux Marillac
devaient, l'un comme garde des sceaux, différer, sous
divers prétextes, de fournir l'argent nécessaire ; l'autre,
le maréchal, retarder l'envoi des recrues levées en Champagne, et c'est à ce traître complot que nous croyons
devoir rattacher le fait suivant, que Louis Heudelot, receveur de la ville de Langres pour l'année 1630-1631, a
relaté dans son XIIIᵉ compte, sous cette rubrique :

« Capture de cinquante-deux soldats par la maréchaussée, à Pierrefaite. »

« Paiement par la ville de Langres de trois cents

---

(1) La fin du XVIᵉ siècle et le commencement du XVIIᵉ ne furent
cependant pas des années de paix absolue pour nos pays. Ils eurent
à souffrir des guerres de Religion et de la révolte des nobles. L'histoire de la *Vallée de l'Amance* en donne les principaux faits.

livres (1) au sieur André Varney, prévôt de la maréchaussée, pour avoir, au mois d'août, arrêté cinquante-deux
soldats, par l'ordonnance de Mgr de Marillac, avoir
conduit onze d'entre eux, condamnés aux galères, à la
la chaîne des forçats, et être allé trouver le roi en son
son Conseil, à Lyon, à raison de ce fait ; le tout ayant été
exécuté pour le bien, la tranquillité et le repos du pays. »

Cette note, muette sur les circonstances ayant motivé
la capture, ne laisse aucun doute sur la nationalité
française des soldats. — S'agit-il d'une mutinerie de nos
gens de guerre? Est-ce le fait de quelques misérables qui,
s'étant honteusement vendus à l'étranger, attendaient sur
la frontière de la Franche-Comté, province appartenant à
l'Espagne, le prix de leur infamie ? Nous pensons plutôt
que cette troupe faisait partie des recrues levées en Champagne, en vue de la guerre d'Italie. Sans solde, sans
garnison déterminée, ne recevant aucun ordre de départ,
ces victimes d'une misérable intrigue auront cherché à
vivre à l'aventure et, dans leur course vagabonde, commis
des crimes de droit commun, pour lesquels onze furent
condamnés aux galères (2). Déçu dans ses projets et se
sentant compromis, le maréchal aura voulu détourner les
soupçons et se donner des airs d'innocence, en ordonnant
leur arrestation. Richelieu ne se laissa pas prendre à ces
dehors hypocrites. Dissimulant sa colère, il fut impitoyable après la *Journée des Dupes* (11 novembre 1630). Le
garde des sceaux, dépouillé de sa charge, mourut en prison, dans le plus complet dénûment, et le maréchal,
condamné à mort, périt sur l'échafaud.

(1) Il ne parait pas que cette somme ait été versée, car elle n'est
pas dans le compte, accompagnée de la quittance. *(Note communiquée par M. de Laboulaye, bibliothécaire de la ville de Langres).*
(2) Les courses des gens de guerres n'étaient, malheureusement,
que trop fréquentes à cette époque. Les villes de Chaumont, Langres,
Chateauvillain, avaient formé une association de défense contre les
déprédations des soldats, amis ou ennemis, qui parcouraient les
campagnes et les livraient au pillage. Le 17 septembre 1616, la ville
de Langres adresse des plaintes au roi ; elle demande que les troupes
levées pour la guerre, contenues dans des garnisons fixes, soient
empêchées de fourrager et que l'on renforce la maréchaussée, afin que
les campagnes soient tenues libres et les coupables sévèrement
châtiés.

Cependant, nos triomphes en Italie ne compensaient pas les revers de nos alliés, en Allemagne. Le roi d'Espagne et les princes catholiques ont opéré leur concentration sur le Rhin et menacent la France. Richelieu leur déclare fièrement la guerre. Les débuts ne nous sont pas favorables, mais bientôt les victoires se multiplient. L'Alsace tombe en notre pouvoir. L'orage s'avance sur nous et la lutte a pour objet la Franche-Comté. Déjà notre redoutable allié, Bernard de Saxe-Weimar, est arrivé dans le Bassigny, d'où il se précipite sur la Comté, qu'il ravage par le fer et par le feu. Les Comtois épouvantés demandent des secours. L'ennemi détache de l'armée de Gallas quelques milliers d'hommes, puis le feld-maréchal, lui-même, s'avance à travers la province, avec une armée de 35,000 soldats, allemands, croates, hongrois. Cette armée traîne avec elle un bagage immense et une multitude de valets, de vivandières, de pillards, deux fois plus nombreux que les troupes effectives : horde avide de butin, qui se rue sur nos villages frontières. — Le 14 septembre, Gallas entre à Fays-Billot, qu'il traite en ville prise d'assaut. Pierrefaite, Montesson sont pillés et livrés aux flammes. Devant ce torrent dévastateur les habitants ont fui et se cachent au fond des bois. Les braves qni ont essayé la résistance sont massacrés ou faits prisonniers.

Gallas n'occupa que six semaines notre contrée, mais nos pays demeureront de longues années ensevelis sous leurs ruines. C'est que, des places ennemies : de Jonvelle, de Chauvirey, de Suaucourt, de Ray, etc., sortent incessamment des corps armés qui parcourent les campagnes, enlevant les bestiaux, les récoltes, les instruments aratoires et les hommes valides qu'ils rencontrent. — Le 2 septembre 1642, quelques soldats de Ray et de Scey-sur-Saône viennent à Pressigny et voyant un homme qui labourait, ils l'emmenèrent avec ses bœufs et sa charrue. De là, ils passent à Pierrefaite et y saisissent tout le bétail. Il ne consistait plus qu'en trois chevaux, une vache et deux chèvres ! (1)

(1) Voir pour les détails des opérations de cette guerre, si funeste à nos pays, l'histoire de la *Vallée de l'Amance* et aussi celle de Jon-

Quelle affreuse époque ! Les champs, restés forcément
incultes, sont couverts de ronces et d'épines ; les chemins
ont disparu sous l'herbe. Sur toute la région, où la peste,
fléau plus terrible encore et plus dévastateur que la
guerre et les brigandages, exerce ses cruels ravages,
pèse un silence de mort, et les infortunés qui s'obstinent
à s'attacher à ces lieux désolés sont obligés de s'atteler
eux-mêmes à la charrue, pour ensemencer un sillon dont
ils ne récolteront peut-être pas les fruits.

Pierrefaite ne commença à se relever de ce désastre
qu'en 1648. Ce fut comme une nouvelle création (1). En
1651, on y comptait à peine trente habitants. Enfin,
toute crainte de guerre a cessé et il se repeuple rapide-
ment, surtout lorsque la Franche-Comté, conquise par
Louis XIV, fait partie de la monarchie française. On
laissa à cette province ses franchises et l'on rapprocha, sur
notre frontière, les postes de la Traite-Foraine (2). Un de
ces postes, relevant de la foraine de Fays-Billot, réside à
Broncourt, en 1687, à Montesson, en 1706. A partir de
1740, il reste fixé à Pierrefaite et, en 1760, on le trouve
occupé par un brigadier, un sous-brigadier et trois ou
quatre employés.

§ 3. — PRINCIPAUX FAITS DEPUIS LA FIN DU XVIIe SIÈCLE
JUSQU'A LA RÉVOLUTION

Les faits de l'époque que nous venons d'indiquer

velle, par Coudriet et Châtelet, où sont relatées les horreurs commises en ces tristes temps, telles, que l'on se croirait reporté aux
époques des invasions des Barbares.

(1) Avant sa destruction, Pierrefaite était construit presque en
entier sur la rive gauche du ruisseau qui le traverse et qui est celle
où se trouvent l'église et le château ancien. Sa reconstruction a
commencé auprès de la *Tour de Ray*, où était, autrefois, la principale agglomération. Il s'étendit ensuite parallèlement sur l'autre rive ;
la rive gauche l'emportant toujours sur la rive droite.

(2) Le droit de *Foraine* appelé aussi *Traite Foraine*, dont l'origine
parait remonter au règne de Philippe de Valois et de Jean, son fils,
faisait partie de la ferme des *Traites*, c'est-à-dire de la réunion des
trois anciens droits, distingués par les noms de *Foraine*, de *Rève* et
de *Haut-Passage*. Il s'exerçait à toutes les sorties des denrées et des
marchandises hors du royaume, ou des provinces pourvues de bureaux
dans celles où les bureaux n'étaient pas établis.

peuvent se grouper sous les cinq titres suivants : 1° L'hiver de 1709 ; la mortalité qui en résulte. — 2° Discussion entre les habitants de Pierrefaite et les décimateurs. — 3° Procès entre la commune et les seigneurs au sujet des bois. — 4° La rivière et la prairie. — 5° La Communauté, la Municipalité. Etat du pays, avant 1789.

1° *L'hiver de 1709*. — Un modeste chroniqueur de ce temps, René Luquet, de Rougeux, nous a transmis, jour par jour, avec les sentiments d'une foi naïve, les incidents angoisseux de ce cruel hiver. Les semailles d'automne n'avaient pu se faire que tardivement et les blés étaient mal emplantés ; c'était déjà un mauvais présage. L'hiver, par surcroît, arriva de bonne heure, fut long et excessivement rigoureux. Pendant le mois de janvier surtout, il était impossible de rester dehors et l'on trouva des hommes morts de froid sur les chemins. Les alternatives de gelées et de dégel causèrent ensuite un désastre complet. Tous les produits de la campagne, arbres fruitiers, blé, vigne, périrent par le pied. Le printemps ne vit éclore ni fleurs ni moissons.

On ne saurait se faire une idée de la détresse qui éclata parmi le peuple, aujourd'hui que la facilité des transports, la ressource des approvisionnements, la variété des récoltes empêchent le retour de pareilles calamités. La pomme de terre, ce pain des pauvres, n'était pas encore introduite et, lorsqu'il eut épuisé ses maigres provisions de blé, de seigle, d'orge et d'avoine, le cultivateur, lui-même, se trouva sans moyens d'existence. On voyait des bandes de miséreux, à la figure pâle, émaciée, se tenir en embuscade pour piller les convois de denrées que l'on faisait circuler. Des efforts furent tentés pour atténuer le mal. On ouvrit des marchés à Hortes, à Laferté, où le blé se vendait à la pinte ! Le prix en était inabordable aux pauvres gens ; il valut jusqu'à dix livres le bichet, et l'argent était si rare !

Cette affreuse disette ne cessa qu'après la récolte de 1710, heureusement abondante. Au mois de septembre, le blé était descendu à trente sous le bichet, prix des années communes.

Les excès de privation amenèrent une grande mortalité,

6

consignée dans nos registres de la paroisse. On y compte quarante-neuf décès, alors que la moyenne est de six à sept, les années précédentes (1).

La dîme, mode d'impôt antique et légitime, était souvent difficile à percevoir et une cause de fréquentes discussions.

Un premier différend s'était élevé à leur occasion, en 1682; mais on avait fini par s'entendre, en prenant, comme base de l'arrangement, la déclaration de 1578. On convint de nouveau que les dîmes seraient payées dans les granges, sur le pied de treize gerbes l'une, sans recompte, avec exemption de la dernière voiture de chaque espèce de graines, ainsi que des récoltes faites dans l'enceinte des croix du village.

Mais alors, afin de se soustraire à une partie de la redevance, un certain nombre de cultivateurs eurent recours à un stratagème plus ingénieux que loyal. Ce fut de multiplier le nombre des voyages ; de n'amener, chaque fois, qu'une petite quantité de gerbes, calculées ainsi, qu'après le prélèvement de la dîme, il en restât jusqu'à dix et douze sur le chariot, et de charger la dernière voiture à tout rompre. Les décimateurs ne goûtèrent pas ces manœuvres. Pour y couper court, ils exigèrent, outre la dîme de toutes les gerbes indistinctement, celle encore des graines rondes jusque là exemptes. Ils alléguaient pour raisons que leur droit était atteint par une culture trop étendue de ces dernières récoltes et que l'accord de 1682 n'en faisait pas exception.

_____

(1) Pour soutenir une thèse impossible, on a essayé de nier, dernièrement, dans un journal imprimé à Langres, la grande mortalité résultant de l'hiver de 1709 dans nos pays, et l'on citait, à l'appui de cette négation, la commune de Genevrières, où les registres n'accusaient, cette année-là, que huit décès, moyenne des années ordinaires. L'erreur est enfantine. La vérité est que, en 1710, année où sévit le fléau de la disette, trente-sept personnes, parmi lesquelles plus de la moitié à la fleur de l'âge, sont mortes dans cette localité.

On avait d'abord paru se soumettre mais, en 1722, une douzaine de cultivateurs refusèrent net de se plier à ces prétentions. La communauté prit fait et cause pour eux, pleine de confiance dans l'issue favorable du procès qui s'était engagé, lorsque, quatre ou cinq laboureurs ayant fait défection et désavoué la déclaration de 1578, deux sentences, rendues au bailliage de Langres, donnèrent gain de cause aux décimateurs.

La communauté se retrouva unanime à proposer un arrangement avec des offres réelles ; les décimateurs ne voulurent rien entendre. Poussée à bout, elle en appela au Parlement de Paris. Sa sentence est du 7 septembre 1724.

Les habitants, vu leur proposition d'accommodement et leurs offres, sont maintenus dans la possession de ne rien devoir pour leurs gerbes dites sans recompte, ni pour la dernière voiture, à condition qu'il ne restera pas plus de six gerbes sur le chariot, après le paiement de la dîme, et que le dernier chargement ne sera pas supérieur aux précédents ; les propriétés situées dans l'enceinte des croix sont exemptes de la dîme ; de même, le lin, le chanvre, le millet et les pois recueillis dans la paroisse, si les particuliers n'emploient pas plus du tiers de leurs champs à ces cultures.

Les décimateurs étaient condamnés à payer les deux tiers du procès et les habitants, l'autre tiers (1).

§ 3. — PROCÈS ENTRE LA COMMUNAUTÉ ET LES SEIGNEURS, AU SUJET DES BOIS

Les grands déboisements que nous avons signalés plus haut avaient suffisamment et au-delà dénudé le territoire. Plusieurs même de ces défrichements, mal étudiés ou incompris, ne pouvaient être avantageux. Composée, d'autre part, d'un petit nombre d'habitants, la communauté se trouva, à la fin, embarrassée de toutes ces terres,

(1) Archives de Chaumont et de la commune de Pierrefaite.

la plupart éloignées du village, d'un accès difficile et d'une qualité inférieure, que les amendements et les engrais ne venaient jamais enrichir. Des cantons entiers furent délaissés, puis partagés ; d'autres, vendus à des particuliers qui construisirent, en ces endroits, des bâtiments d'exploitation. Les seigneurs imitèrent ces derniers sur les bois qu'ils avaient arrachés à leur profit. C'est ce qui explique la présence des nombreuses fermes que l'on voit dans cette partie du finage.

Cependant, lorsque, vers la fin du xviie siècle, la famille de Minette eut réuni, en un seul domaine, les seigneuries de Ray et de Vergy, il existait encore, dans la plaine où est le village et au vallon d'Ouge, plusieurs cantons de bois ; le *Chânois*, les *Mouillières*, la *Rièpe*, *Chauffourt*, le *Fenny*, d'une contenance d'environ cent vingt hectares, qui eussent presque suffi, avec le peu qui nous reste, aux besoins de la localité ; mais ces nouveaux propriétaires les ayant fait aussi extirper, ce fut le coup de grâce. La communauté, frustrée de ses droits d'usage dans ces bois, éleva de vaines réclamations. On la savait timide et trop pauvre pour que l'on eût à redouter d'elle une action en justice.

Dans le mémoire qu'ils avaient adressé au Parlement de Paris, en 1722, les habitants signalaient ces actes préjudiciables à leurs intérêts et d'autres usurpations plus récentes, commises par les fermiers des seigneurs sur leurs terres de commun. Renvoyés à se pourvoir, en ces points, devant les tribunaux compétents, ils n'avaient osé courir les risques d'un nouveau procès et la prescription était venue couvrir les injustices dont ils se plaignaient, à tort ou à raison.

Cinquante ans plus tard, la communauté est devenue plus entreprenante. A la diligence de son syndic, Jean Bessel, elle demande au Lieutenant-général à Langres, l'autorisation d'exercer des poursuites contre ses seigneurs, qu'elle accuse d'avoir empiété sept quartiers sur le pâtis du *Vernois*. « Cependant, ajoute la requête, la crainte d'avoir des contestations avec eux fermerait encore aujourd'hui la bouche aux plaignants, si d'autres faits, tendant à anéantir leurs droits, ne les réduisaient à se pourvoir juridiquement pour les faire réprimer. Quinze journaux ont été défrichés en *Champclos*, deux à *La Reine ;* on a coupé le bois de la *Verde*, et il leur a été défendu de toucher au bois mort et au mort bois. Enfin, les seigneurs se sont emparés de la rivière qu'ils relaissent à leur profit, sous le prétexte que les syndics n'en ont pas provoqué l'adjudication, conformément à l'ordre des Eaux et Forêts. »

La plainte était précise et nette ; une autorisation de plaider ne pouvait être refusée, et un exploit, en date du 18 juillet 1772, ouvrit un procès, gros d'une discussion de vingt-huit ans.

Malgré les pressantes démarches des habitants, aucune solution n'est donnée à l'affaire, avant 1789. Après la suppression des Bailliages, la commune porta le différend devant le tribunal civil de Langres, où elle parvint à faire introduire la cause, le 25 mars 1793. Elargissant ses conclusions, elle revendique la restitution de sept quartiers au *Vernois*, de dix-huit journaux à l'*Essart-Michel*, et les dommages-intérêts résultant de la non-jouissance de ses droits dans les bois.

La loi du 10 juin 1793 arrêta la procédure, en déférant ces discussions à l'arbitrage. Lorsque les arbitres nommés à cet effet eurent visité les lieux, objets du litige, interrogé les témoins, consulté les titres des habitants, ils rendirent une sentence qui adjugeait à la commune la majeure partie de ses réclamations. Le jugement était interlocutoire et non définitif.

Pendant que ces choses avaient lieu, M. de Minette, défendeur, était incarcéré à Bourbonne, comme suspect. Rendu à la liberté, il s'empressa de se pourvoir en cassation. Sa mort arriva dans les entrefaites. Sa veuve et ses héritiers, poursuivant l'appel, obtinrent, en effet, l'annulation de la sentence arbitrale, pour vice de forme dans la procédure, et le procès revint devant le tribunal de Chaumont, où MM. de Minette succombèrent définitivement. Par jugement rendu le 27 frimaire an VIII, la commune était remise en possession de ses communaux, réintégrée dans ses droits d'usage et autorisée à poursuivre, contre tous les détenteurs des bois, les dommages-intérêts provenant de la non-jouissance des habitants, à partir du 17 juillet 1772, date de leur première demande, jusqu'à la conclusion du procès.

La commune se montra impitoyable. Elle dressa, année par année, un État de toutes les voitures de bois mort, de mort bois, de bois vif et de service, revenant aux tenanciers des deux seigneuries, ou à la généralité des habitants, depuis 1772 ; elle en estima la valeur en argent, y ajouta les intérêts composés des sommes échues et présenta une note de soixante-trois mille, deux cent soixante-seize francs cinq centimes. C'était l'équivalent du prix de la grande partie des bois qui restaient aux anciens seigneurs ; mais toutes les juridictions avaient été épuisées et il fallait se soumettre.

L'action en cantonnement s'imposait. MM. de Minette, par acte du 9 pluviose an IX, abandonnèrent en toute possession et jouissance à la commune le bois dit *La Bique*, d'une contenance de trente-deux arpents, ou vingt hectares, trente-deux ares, vingt-six centiares, ayant pour limites, à l'est et au sud-est, les terres de la ferme de la *Rièpe* ; au nord, le chemin de *Champclos* et, à partir de la naissance du vallon, un fossé se prolongeant aux vignes de *Chauffourt* (1).

C'est tout le bois que possède la commune, et son revenu est loin de compenser les avantages que les habitants retiraient jadis de leur droit d'usage.

Montesson avait aussi esayé de revendiquer ses anciennes terres de commun, ainsi que ses droits sur le bois *Renard*, extirpé, et dans celui dit de *Montesson*, encore debout ; mais il ne put produire aucun titre régulier et il fut débouté de toutes ses demandes. On lui laissa ses chemins pour unique fortune.

§ 4. — LA RIVIÈRE ET LA PRAIRIE. — CURAGE DE L'AMANCE ET DE SES AFFLUENTS, EN 1857

1. Les eaux qui descendent du vallon de Pierrefaite

---

(1) Archives de la commune. *Etat des sommes dues par MM. de Minette à la commune.*

s'étaient capricieusement creusé, dans notre prairie, plusieurs lits étroits, tortueux, et elles avaient amoncelé au *Pont-des-Dames* des terres et des débris de toutes sortes, qui entravaient leur écoulement. En 1777, les habitants adressent une requête à l'Intendant de Champagne. Ils exposent que, endettés comme ils sont par la reconstruction de leur église, ils ne peuvent fournir la somme nécessaire à débarrasser le barrage de leur rivière, et ils demandent à y porter leur impôt de la corvée.

M. Desserrey, subdélégué au département de Langres, se fait présenter un rapport sur l'état des lieux et, sans s'arrêter aux observations des habitants, il envoie M. Pasquier, avec ordre de tracer en ligne droite, sur une longueur de trois cents toises, un fossé à ouvrir, dans lequel seront dérivées toutes les eaux des coteaux voisins. Les travaux à exécuter furent adjugés, le 24 février 1778, pour la somme de trois cent soixante livres, à la charge des communes intéressées, savoir : Pierrefaite, 200 ; Anrosey, 60 ; Laferté, 60 ; Montesson 20 ; Guyonvelle, 20 (1).

Ce canal fut d'abord plus nuisible qu'utile. Il était insuffisant, moins élevé à son milieu qu'aux extrémités, et les eaux, tombant perpendiculairement sur le courant plus puissant de l'Amance, refluaient, au moment des grandes crues, dans les parties basses, où elles restaient emprisonnées. Les réclamations des habitants de Pierrefaite, des seigneurs, en particulier, sont vives, incessantes. Le seul remède au mal est de rétablir les anciens lits. Avec le temps ces inconvénients diminuèrent ; le canal se creusa, s'élargit ; ses rives s'élevèrent à la suite des inondations. Les communes voisines, à leur tour, font entendre leurs doléances : on en trouve les traces jusqu'à l'année 1834. Pour les apaiser, Pierrefaite consent à laisser dévier le ruisseau vers son embouchure, de manière à diriger son cours dans le sens de celui de l'Amance.

2. On a exécuté de nos jours, dans nos rivières, des travaux bien autrement dispendieux que ceux que nous venons d'indiquer.

(1) Archives de Chaumont.

Depuis longtemps on se plaignait que les eaux de l'Amance et de ses affluents, embarrassées dans leur marche par les éboulis de terre et par les plantations faites sur les bords de ces rivières, débordaient à tout orage, gâtant l'herbe au moment de la récolte. Sur l'initiative de M. Chauchard, député et conseiller général, on décida le curage de tous nos cours d'eau.

Le 11 juin 1856, la commune de Pierrefaite est invitée à se prononcer, en ce qui la concerne, sur le projet d'exécution. On demandait à ses propriétaires riverains de l'Amance, 1.220 fr. 80 pour enlever, sur une longueur de 654 mètres, 1,526 mètres cubes de terre, à raison de 0,80 le mètre cube. Le devis des dépenses à faire dans notre rivière s'élevait à 7.200 fr., ainsi répartis : enlèvement de 7,655 mètres cubes de terre, à 0,72 l'un, 5.358 fr. 50 ; frais d'étude et de surveillance, 329 fr. ; dépenses imprévues, 191 fr. ; plus 100 fr. à la charge de la commune, en prévision d'un terrain à acquérir (1).

Le conseil municipal vota toutes ces dispositions. Il réclamait aussi la rectification et le prolongement du ruisseau du *Chânois*, qui reçoit les eaux de la plaine de Charmoy et passe actuellement sous l'aqueduc du chemin de fer, à la limite des finages de Pierrefaite et d'Anrosey ; mais on ne tint compte de sa demande que dans une mesure insignifiante.

Le curage de l'Amance a donné lieu à des augmentations presque inévitables en une pareille besogne, qui soulevèrent contre les promoteurs du projet de violentes récriminations, envenimées par les passions politiques. Le compte rendu de la Commission en a démontré l'injustice.

Quant aux dépenses faites dans notre ruisseau, elles ne pouvaient rendre bonne notre chétive prairie. Surchargée, dans sa presque totalité, d'une épaisse couche d'alluvion sablonneux, elle n'a jamais produit qu'un fourrage de médiocre qualité. Depuis que le chemin de fer la traverse, on y a planté des osiers, qui croissent vigoureusement dans

---

(1) Registres de la commune de Pierrefaite.

ce sol riche en humus et donnent un excellent rapport.
Comme compensation, les cultivateurs profitent de tous
les endroits propices pour établir, dans la plaine, des
prairies naturelles.

§ 5. — LA COMMUNAUTÉ. — LA MUNICIPALITÉ. — ÉTAT DU
PAYS AVANT 1789

1. Du jour où le village a été fondé, il y a eu pour les
individus ainsi groupés et réunis des questions générales,
des revenus et des dépenses plus ou moins répartis, une
administration, chargée de discuter les intérêts collectifs.
C'est dans la nature même des choses.

Au XIII⁰ siècle, la communauté a le double caractère de
fief et d'agglomération. Comme fief, elle appartient au
seigneur ; comme agglomération, elle a ses magistrats,
nommés par le seigneur ou électifs, qui administrent les
affaires locales. Si faibles et si précaires que fussent ses
prérogatives, cette association, en vue d'intérêts communs,
ne saurait être mise en doute. Arnoult de Reynel la re-
connait, lorsque, dans l'abandon qu'il fait à Beaulieu d'une
portion de son domaine, il réserve expressément les *droits*
de ses gens sur les biens dont il se dépouille, et le *maïeur*
de Rosoy, rendu responsable de la rente que Simon, fils
d'Arnoult, accepte en échange de son droit de gîte, nous
apparaît comme un vrai magistrat, représentant la généralité des habitants.

En traversant les longues guerres et les violentes com-
motions qui agitèrent le XIV⁰ et le XV⁰ siècle, l'état social
s'est considérablement amélioré. La féodalité est en pleine
décadence. Les individus ne sont plus aussi facilement
taillables et corvéables. Ils sont libres de circuler, de
vendre et d'acquérir, en payant une taxe consentie. Déjà,
plus de la moitié du territoire appartient aux habitants de
Pierrefaite, à titre d'héritage ou de terres de commun.
L'association pour les intérêts collectifs, la *communauté*,
est désormais une institution régulière, reconnue de fait,
agissant par des mandataires élus, chargés de gouverner

ses biens, de défendre et de revendiquer ses droits. Nous les avons vus fonctionner.

Dans le domaine des Vergy, Pierrefaite, recueilli comme une épave de mince valeur, ne méritait guère d'attirer les regards de ces puissants seigneurs. Occupés ailleurs par des intérêts plus graves, ils eussent dédaigné de venir débattre une maigre redevance à l'extrémité de leurs vastes possessions. La communauté nous semble avoir su profiter de cet éloignement. Ne pouvait-on pas s'entendre avec des commis ou intendants et s'attribuer peu à peu des immunités qui n'existaient pas à l'origine ? Aussi, quand, vers le milieu du xvie siècle, une des branches de la maison de Choiseul, moins magnifique et plus rapprochée, eut obtenu, dans la personne d'Antoine Ier, la seigneurie de Ray, les habitants s'indignent que l'on ose leur réclamer une taille, qu'ils soutiennent n'avoir jamais payée. Nous ne savons quelle eut été l'issue du procès que leur intenta Antoine de Choiseul et que continua son fils, François, mais la transaction de 1578 trahit les appréhensions de la communauté. S'il est vrai que, désormais, on ne parlera plus de taille et de main-morte, les habitants consentent des dommages-intérêts pour le passé et, à l'avenir, chaque ménage paiera annuellement au seigneur cinq sous et une poule à *Carmentran ;* encore, cette dernière redevance périra dans l'incendie de 1636.

La communauté atteint son apogée. Tous les services locaux rentrent dans ses attributions. Elle a ses assemblées, où sont convoqués les habitants, *de pot en pot* (1),

---

( ) *De pot en pot.* D s auteurs prétendent que cette expression, usitée dans les préambules des actes des communautés, est une formule abréviative du mot latin *Potestas*, puissance, seigneurie, et signifie ici, de seigneurie en seigneurie, *de potestate in potestate ;* parce que, disent-ils, on faisait l'appel des habitants, non par feu et par quartier, mais par seigneur e. — Et quand il n'y en avait qu'une ? — Il est, selon nous, plus vrai de prend e le mot dans son sens naturel, comme désignant l'ustensile indispensable à chaque maison, ou la partie pour le tout. C'est ainsi que, dans certains pays, on dit encore aujourd'hui : « j'ai droit à mon lot de bois, parce que j'ai mon *pot* », c'est-à-dire, je forme un ménage. On disait aussi, autrefois, qu'un acte avait été soumis à la signature des habitants, de *pot en pot,* autrement : de maison en maison.

par les soins du syndic. On se réunit, dans les beaux
jours, autour d'un orme séculaire qui s'élève au centre
du village (1) et, plus tard, à l'ombre des arbres fruitiers,
plantés sur l'emplacement de l'ancienne maison curiale.
La cloche annonce l'heure de la séance. L'assemblée est,
tout à la fois, délibérative et exécutive ; tout dépend
d'elle en dernier ressort, sous réserve, en certains cas, de
l'approbation de l'Intendant de la province. Elle décide
les ventes, la location des biens communs, leur échange
et leur partage ; les réparations à faire au presbytère, à
l'église, leur reconstruction. Elle nomme son syndic,
approuve les comptes des marguilliers, vote le traitement
du recteur d'école. C'est dans ces réunions que, le 31
décembre de chaque année, il est procédé à l'adjudication
des fonctions de sacristain, de sonneur, de gardien du
gros et du menu bétail ; on y fixe le banc des récoltes, le
prix des journées d'ouvriers, du travail des laboureurs.
La majorité des voix fait loi, le plus souvent sans recourir
à aucune formalité d'écriture, mais l'acte est dressé dans
la forme juridique, quand la délibération a besoin d'être
ratifiée (2).

2. Les choses étaient en cet état, quand, le 27 juin 1787,
parut un édit de Louis XVI, transformant l'administration
des provinces et établissant, pour la Champagne, trois
sortes d'assemblées : une assemblée provinciale, chef-lieu,
Châlons-sur-Marne ; une assemblée dans chacune des
Elections et une assemblée municipale dans chaque paroisse (3).

(1) Cet orme, témoin vénérable des temps, a été coupé, il y a une
cinquantaine d'années, alors qu'il végétait encore. Le puits communal,
creusé au pied de cet orme, conserve le nom de *Puits de l'Orme*.
(2) Si les femmes, au siècle dernier, ne jouissaient, pas plus qu'aujourd'hui, du droit de vote, il y avait pourtant des circonstances où
elles étaient aussi appelées à émettre leurs suffrages.
Le 29 décembre 1748, elles se réunirent à l'église sous la présidence
de MM. Robert, doyen, et Chopitel, curé, et elles élirent, comme
sage-femme, Catherine Simard, laquelle, après avoir été interrogée,
en public, sur la matière et la forme du Sacrement de Baptême, et, en
particulier, par Paul Clerget, chirurgien, et Louis Dègrés, apothicaire,
fut reconnue et déclarée apte à remplir ses fonctions. A cause de
l'étendue et des nombreuses fermes du territoire, l'assemblée lui
donna pour suppléante, Françoise Linotte.
(3) C'est à cet acte de Louis XVI que remonte la première idée de
la division de la France en départements. La Généralité de la Cham-

L'acte royal portait, entre autres réglements, que Sa Majesté n'entendait nullement changer, pour le moment, la forme et l'administration des municipalités déjà existantes ; mais Elle voulait que cette assemblée fut organisée, sans retard, dans toutes les communautés et paroisses où elle n'existait pas encore. Cette municipalité devrait se composer, dans tous les cas, du curé et du seigneur ; puis de trois, de six ou de neuf membres élus, suivant la population ; d'un greffier et, enfin, d'un syndic qui aurait voix consultative et serait chargé de faire exécuter les résolutions prises dans les réunions.

En conséquence de cet édit et de l'ordonnance de l'Intendant de Champagne, la communauté, régulièrement convoquée, élut membres : Pierre Jacquinot, Didier Martin, Edme Jacquinot ; greffier, Pierre-Joseph Varney ; syndic, François Jacquinot.

Ainsi constituée, la municipalité tint sa première séance, le 5 novembre 1787, dans une des chambres du château. Elle était appelée à délibérer et à donner son avis sur une série de questions, dont l'énoncé démontre la sollicitude du gouvernement en tout ce qui touchait à l'agriculture, l'ardent désir du Souverain de connaître le vrai état du pays et d'introduire dans le royaume les améliorations et les réformes nécessaires.

3. Nous donnons quelques-unes des réponses de l'assemblée. Dans leur naïve et brusque franchise, la situation de Pierrefaite ne nous apparaîtra pas sous de brillantes couleurs.

1re QUESTION. *Quels sont les moyens de favoriser l'amélioration et la multiplication des bestiaux ; suffisent-ils à la consommation et à la culture ?*

Réponse. Les bêtes de trait sont ici insuffisantes. Les habitants ne mangent point de viande ; ils ne vivent que de légumes ; seuls, les plus aisés ont du lard aux grandes fêtes. Il n'en est pas un qui, selon le désir d'Henri IV, puisse mettre la poule au pot le dimanche. Personne n'est

pagne était partagée en douze Elections. Pierrefaite était de l'Election de Langres. La première séance d'Election devait avoir lieu le 29 août 1787.

capable de se livrer à l'engraissement du bétail. On n'a pas même le fourrage nécessaire à l'entretien des animaux de culture. La prairie très restreinte est encore perdue par le nouveau canal, creusé en 1778. Les cultivateurs sont obligés de se procurer du foin au loin et à grands frais. Les nombreux troupeaux entretenus dans les fermes établies sur le territoire privent aussi les habitants d'une partie de leurs pâturages.

2ᵉ QUESTION. *Quel est l'état des propriétés du clergé, de la noblesse et des autres habitants de la paroisse ?*

Réponse. Les dîmes anciennes se partagent entre le curé et les seigneurs ; les *novales* (1) appartiennent au curé, seul. Elles sont de treize gerbes l'une, et se lèvent sur le blé, le seigle, l'orge et l'avoine.

Le curé a, dans le finage, six journaux moins une quarte, affermés à raison de deux bichets le journal, terre portant : quatre ouvrées de chènevières et deux fauchées de pré. Ces biens proviennent de diverses fondations faites dans l'église.

Les seigneurs possèdent : 1° une antique maison, appelée le *Vieux-Château*, entourée d'un jardin potager et d'un verger d'environ deux journaux ; en face, une maisonnette avec son petit jardin ; 2° un autre bâtiment qu'ils occupent, composé de plusieurs chambres et cabinets ; grange et écurie vis à vis, jardin, verger et champs de quatre à cinq journaux ; 3° cent soixante-et-un journaux de terre dans les trois saisons et trente fauchées de pré, perdues par le canal. Les seigneurs exploitent eux-mêmes une partie de leurs terres ; ils ont donné le reste à trois fermiers et ils en logent deux au village ; 4° Quatre-vingts à quatre-vingt-dix arpents de bois ; 5° Des cens et des redevances sur des moulins, maisons et terres du finage, leur rapportant à peu près trois cents livres.

Quant aux propriétés qui appartiennent aux habitants, les trois notables consultés avouent qu'ils ne sauraient en donner, sur l'heure, le compte exact, plusieurs individus

---

(1) *Novales*, terres, relativement aux anciennes, nouvellement défrichées et mises en valeur.

ayant négligé de déclarer toutes celles qu'ils ont en propre ou tiennent à bail. Cependant, pour répondre à la question, ils disent qne, d'après le rôle tarifé, il y aurait dans la paroisse, 2,197 journaux cultivés, que l'on peut diviser par tiers, en terres bonnes, terres médiocres et terres mauvaises, ces dernières situées sur la pente des vallons ; 117 maisons, dont la plupart ne sont que des chaumières de manouvriers ; 194 ouvrées de vigne ; 60 ouvrées de chènevières.

3ᵉ QUESTION. *Quelle serait la meilleure manière d'entretenir les routes aux moindres frais possibles et, par ce moyen, de procurer une diminution du rôle représentatif de la corvée ?*

Réponse. L'assemblée est d'avis que l'impôt en nature est préférable à l'impôt en argent, souvent dépensé au loin, sans profit pour la contrée. Elle émet le vœu que chaque contribuable ait une tâche déterminée à remplir et que son travail soit surveillé par les sous-ingénieurs, qui décideraient s'il doit être accepté ou refusé. Elle désire aussi que les ponts, à la charge des exempts, nobles, ecclésiastiques et autres, ne soient mis en adjudication qu'après trois publications, faites dans les bourgs et villages circonvoisins des lieux où ils sont à construire.

4ᵉ QUESTION. *Quelles sont les routes avantageuses à la contrée de l'Élection ?*

Réponse. La route de Bourbonne à Champlitte, en voie d'exécution, sera très utile à la région. Malheureusement, les travaux n'avancent pas. Cette route est coupée à Pierrefaite par une tranchée qui intercepte les communications avec les pays de l'Amance ; ce qui provient du retard que la communauté d'Hortes, chargée du remblai, du pavage et de l'empierrement, apporte à accomplir la besogne qui lui est assignée.

Le chemin au bas de Laferté et celui de *Gontrant*, dans la prairie d'Anrosey, sont impraticables.

CHAPITRE VI

La Révolution

(1789-1800)

On donne le nom de *Révolution* à cette période de l'histoire de France, durant laquelle l'ancien ordre politique a été violemment renversé et remplacé par l'état social moderne. Ce drame gigantesque, mêlé de bienfaits et de crimes, de gloire et de honte, déploie ses troublantes scènes dans la *Constituante* (mai 1789-septembre 1791) la *Législative* (1er octobre 1791-21 septembre 1792) ; la *Convention* (21 septembre 1792-20 octobre 1795) ; le *Directoire* (1795-9 novembre 1799).

Dès le mois d'octobre 1789, l'Assemblée nationale avait décidé une nouvelle division du territoire de la France. Cette réforme hardie, d'une portée politique immense, s'accomplit le 15 janvier 1790. Quatre-vingt trois départements remplaçaient les anciennes provinces abolies. Chaque département était divisé en districts et chaque district en cantons. La Haute-Marne a été formée par décret du 28 janvier 1790 et, le 8 juin, les électeurs en proclamèrent, chef-lieu, la ville de Chaumont. Le département comprenait six districts et soixante-dix cantons. Pierrefaite était du district de Bourbonne et du canton de Pressigny. Le département et le district étaient gouvernés par des conseils administratifs et des directoires exécutifs. Il y avait un tribunal criminel pour tout le département, un tribunal civil pour chaque district et une justice de paix dans chaque canton.

Toutes les charges publiques furent soumises à l'élection : les municipalités, les tribunaux, la garde nationale, les administrations, l'armée, le clergé, lui-même, ne devaient s'organiser que par ce moyen.

Les anciennes municipalités n'étaient pas détruites ;

mais, tout en conservant leurs fonctions d'administration communale, elles reçurent, par délégation de l'Etat, l'investiture de fonctions propres à l'administration générale. Ces principes devinrent la base de différentes lois, qui réglèrent l'exercice de la police municipale et fixèrent les limites de ses attributions.

Ajoutons, pour n'avoir pas à revenir sur ce sujet, que la Constitution de 1791 consacra cet ordre de choses par des dispositions expresses ; mais celle du 5 fructidor, an III (2 août 1795), tout en maintenant la division du territoire qu'avaient établie le décret de 1789 et la Constitution de 1791, n'accorda une administration municipale qu'aux villes ayant plus de cinq mille habitants. Toutes les autres communes d'une population inférieure à ce chiffre étaient englobées dans une administration cantonale. Chaque commune du canton élisait un agent principal. Ces agents réunis composaient la municipalité, auprès de laquelle était placé un commissaire du Directoire. Ce mode d'administration rendit muets nos registres des délibérations et dura jusqu'à la loi du 28 pluviose, an VIII (8 février 1800), qui restitua à la commune son individualité et donna au département les divisions administratives et judiciaires aujourd'hui existantes.

Aux termes des décrets de l'Assemblée nationale, 14-18 décembre 1789, l'administration municipale, élue par les habitants de la commune, était divisée en deux parties : l'une, sous le nom de conseil général, constituait le corps délibérant ; l'autre, sous la présidence du maire, le corps municipal, et avait en main le pouvoir exécutif. Etaient électeurs les citoyens actifs, âgés de vingt-cinq ans et au-delà, payant une contribution égale au moins à trois journées de travail. Le prix de la journée était fixé, chez nous, à quinze sous, et l'on y comptait quatre-vingt-quinze électeurs.

Le corps municipal se formait par la nomination, en premier lieu, du maire, puis des officiers municipaux, au nombre de deux, dans les communes d'une population au-dessous de cinq cents âmes. On élisait ensuite le syndic, chargé comme dans l'ancienne municipalité, de gérer toutes les affaires et ayant voix consultative dans l'assemblée, et, enfin, les notables, en nombre double du corps municipal. Ainsi constitué, le Conseil général choisissait son secrétaire et son trésorier-payeur.

Les électeurs se portèrent avec entrain à ce premier exercice de leur droit. Furent élus : maire, Questel ; officiers municipaux : Jean Bessel et François Bronoël ; syndic, Roberty. Les registres n'ont pas conservé les noms des premiers notables.

L'année 1789 avait été mauvaise. Les gelées tardives, les pluies, la grèle avaient détruit une grande partie des récoltes et, dès le mois de mai de l'année suivante, on manquait de blé dans le pays. La municipalité se montra prévoyante. Elle en envoya chercher cent deux bichets à Forfillières et à Avrecourt, qu'elle paya à raison de huit livres cinq sous le bichet ; elle distribua ce blé aux habitants, au prix d'achat, et prit à sa charge les frais de transport et l'indemnité due aux gardes nationaux qui avaient accompagné le convoi.

Cependant, les soucis causés par la disette n'empêchèrent pas que l'on se disposât à célébrer avec enthousiasme l'anniversaire de la prise de la Bastille, présentée au peuple comme une victoire sur la tyrannie (1). Le 14 juillet avait été déclaré jour férié. Sur l'invitation de la ville de Paris, on députa un représentant à la fête de la capitale et, afin que tous les Français s'unissent, le même jour, au pacte solennel que la nation allait contracter, les citoyens furent conviés à venir prêter à l'église le serment fédératif.

Après la célébration de la messe et le chant du *Te Deum*, le maire s'avance vers le sanctuaire, explique dans un discours quelles sont la nature, la sainteté, les obligations du serment que tous vont prêter et, le premier, il jure d'être fidèle à la nation, à la loi, au roi ; de soutenir de tout son pouvoir la constitution décrétée par l'Assemblée Nationale et acceptée par le souverain ; de protéger,

---

(1) La victoire était facile, les assiégés ayant ouvert les portes ; elle était d'ailleurs sans objet. Louis XVI avait formé le projet de raser la Bastille pour établir sur son emplacement un jardin public. Sa prise ne rappelle donc que le souvenir d'odieux massacres.

7

conformément aux lois, la sûreté des personnes et des
propriétés, la libre circulation des grains et des subsistan-
ces, la perception des contributions publiques. Les officiers municipaux font successivement le même serment,
puis, l'assemblée, la main levée, dit d'une commune
voix : « Je le jure. »

A son tour se présente le vénérable curé-doyen, M. Chopitel. Lecture faite de la formule du serment, il déclare
qu'il adhère à tout son contenu, mais il ajoute qu'il
entend aussi vivre et mourir dans la religion catholique,
apostolique et romaine. Cette profession de foi avait sa
raison ; car déjà grondait l'orage qui devait s'abattre avec
fureur sur l'Église de France et causer tant de ravages.
Au milieu de l'entraînement général, le dévoué et clair-
voyant pasteur éprouvait le besoin de prévenir son troupeau des dangers dont il le sentait menacé, et de l'affermir
par sa parole et par son exemple dans la fidélité inébran-
lable à ses croyances.

Dans la nuit du 4 août 1789, les dîmes avaient été sup-
primées. L'État s'en empara et, en réalité, l'on ne fit que
changer de maître. Seulement, au lieu de payer désormais la dîme en nature, en raison de la récolte faite, de ne
point la payer dans le cas où elle périt entièrement, il fau-
dra la solder quatre ou cinq fois, sous diverses formes, en
bons écus sonnants, si l'on veut éviter le papier bleu du
fisc. Voilà toute la différence entre les impôts actuels et
les dîmes anciennes, dont personne ne songe à regretter
la suppression, et qui servent cependant encore de thème
aux criailleries des aigrefins de la politique et d'épouvan-
tail aux esprits faibles. On commença à appliquer la loi
en 1791 (1).

Les dîmes abolies, il restait au clergé des biens fonds
considérables, avidement convoités par la cupidité. L'Assemblée décréta que ces biens feraient *retour* à la nation.
Le mot a fait école. Les biens sont communs à tous, cla-
ment aujourd'hui nos délicieux anarchistes ; en les prenant

(1) Le 18 décembre 1791, la perception des contributions foncières de
Pierrefaite fut adjugée à Didier Martin, pour la somme de 5,449
livres, 9 sous, 6 deniers, et 1,362 livres de sols additionnels.

au bourgeois, nous ne faisons que décréter leur retour à leurs maîtres véritables, ceux qui n'ont rien. C'est que, en effet, l'expression *retour*, si jolie qu'on la trouve et de quelques raisons spécieuses qu'on la colore, ne justifiera jamais l'audacieuse spoliation accomplie en 1789. Les biens de l'Église lui avaient été donnés en propre, le clergé en était le possesseur légitime et l'Etat, loin d'avoir le droit de les lui ravir, était tenu de le protéger dans sa libre jouissance.

L'Assemblée, toutefois, en s'emparant des biens du clergé, avait disposé que, pour l'entretien de ses membres, il ne serait pas assuré à la dotation d'une cure moins de douze cents livres, non compris le logement et le jardin. Elle créa, en même temps, un papier monnaie, sous le nom d'assignats. Ils étaient censés représenter les biens du clergé destinés à être vendus (1), et ce papier devait être donné en gage aux créanciers de l'État.

Les biens du clergé firent, à Pierrefaite, l'objet de trois ventes. La première vente, celle de la chapelle Bligny, eut lieu au mois de janvier 1791. On y mit aux enchères 150 journaux de terre, six fauchées de pré et une maison de ferme, le tout estimé à 6,308 livres. M. Nicolle, de Pressigny, toujours à l'affût des bons morceaux, s'en rendit l'adjudicataire sur sa mise à prix de 12,000 livres, qu'il paya, selon sa coutume, en assignats. Il détailla, dans la suite, son acquisition, et réalisa de superbes bénéfices.

On composa deux lots avec les propriétés de la cure et de la Fabrique. Dans le premier lot entrèrent six journaux de champs, quatre fauchées de pré et quatre ouvrées de chènevières. M. Jullien, de Coiffy, en devint l'acquéreur pour la somme de 2,500 livres. — Le second lot, formé de diverses pièces de terre, appartenant à l'ancienne chapelle Saint-Jean-Baptiste et affermées quinze bichets de blé par an et autant d'avoine, avait été expertisé à 5,708 francs.

---

(1) On vendit de ces biens, dans la Haute-Marne, à différentes époques, pour plus de quarante millions, et la valeur de ces biens, adjugés à vil prix, a quadruplé depuis ce temps. La faible somme inscrite au budget des cultes ne représente donc, au vrai, que la minime partie de la rente des biens ravis à l'Église, et cette rente a été reconnue par l'Assemblée nationale comme dette de l'Etat.

Le 7 fructidor, an III, on l'adjugea à Joseph Jacquinot pour 74,600 francs.

Cette dernière somme, exorbitante, si on la place en regard de la valeur réelle des propriétés vendues, donne une idée de la dépréciation subie par les assignats, en attendant qu'ils tombent à rien, et de la perturbation qu'ils apportèrent dans les transactions.

Voici, à titre d'indication, les extraits de deux ventes mobilières faites à Pierrefaite, l'une avant, l'autre, pendant la période des assignats.

Dans la première vente, on adjuge 11 poules pour 55 sous ; une génisse de deux ans, 14 livres ; une vache, 26 livres, 5 sous ; 36 bichets d'avoine, 12 sous, 6 deniers, le bichet ; un fusil, 3 livres, 5 sous.

Le 15 pluviose, an III, on vend une poële à frire, 7 livres, 5 sous ; une marmite en fonte, sans couvercle, 17 livres ; une vieille quarte à mesurer le grain, 20 livres ; des fers à gauffres, 60 livres ; un cotillon de coton, 39 livres ; un seau de bois, 7 livres ; une alcôve, 77 livres ; une armoire, 177 livres ; 5 moutons ou brebis, 146 livres ; une vache, 528 livres, etc.

On continua à jeter dans la circulation une telle quantité d'assignats que, à la fin, ils n'avaient pas la 150e partie de leur valeur nominale. Un louis d'or valait huit mille francs en assignats. Avec un peu de monnaie, on pouvait acheter les plus beaux domaines. Mais lorsque, le 17 février 1796, on eût brisé la planche aux assignats, les milliards de papier devinrent tout à coup des chiffons inutiles.

Cette invasion d'un numéraire fictif amena aussi une sensible augmentation des salaires.

Le 31 décembre 1790, on avait encore adjugé la garde du gros bétail, mis sous le bâton de la Saint-Jean d'été à la fin de l'année, à trente sous pour une vache et quinze sous pour un veau. Le pâtre recevait dix-huit sous et un bichet de conseigle, à l'année, pour un mouton ; la moitié de ce salaire pour un agneau ; un sou par mois pour un porc ou une chèvre. — La charge de sacristain-sonneur était, à la même date, évaluée à 30 livres. Ses fonctions consistaient à sonner l'*Angelus* et les coups des offices, à parer l'église, à allumer les cierges, etc. Chaque laboureur lui devait pour ce service 8 sous, 6 deniers, et chaque manouvrier 5 sous, 6 deniers. Comme casuel, il avait droit à 5 sous pour assister à un service ou à une messe chantée : à dix sous pour creuser la fosse et sonner les glas d'un communiant ; à cinq sous, quand il s'agissait d'un enfant.

En 1793, le tarif du salaire des ouvriers et du prix des ouvrages, que nous donnons ci-dessous, est déjà en augmentation d'un tiers sur celui que la municipalité avait établi en 1790.

I. *Culture*. Pour labourer un journal, mesure de Langres, 3 livres. — Charrois : 10, 12 et 18 sous, suivant les distances. — II. *Travaux à la vigne*. Ouvrier aux pièces : 15 sous par ouvrée pour tailler : 4 livres, pour la façon des quatre coups de bêche, pendant l'année. — Ouvrier à la journée : 10 sous pour tailler, bêcher, ou fossoyer. — Provignage : 22 sous, 6 deniers, par cent pieds de vigne. — Accolage : 15 sous par jour. — Vendangeurs : 7 sous, 6 deniers par jour ; 15 sous au porteur. — III. *Moissons*. 1° Grandes graines : 15 sous par jour, ouvrier nourri ; 3 livres au journal, sans nourriture. — 2° Petites graines : 9 sous par jour avec la nourriture ; 45 sous au journal, sans nourriture. — Battage : 8 sous par jour, en hiver. — IV. *Salaires divers*. 1. Lessiveuses, couturières, tricoteuses, fileuses de laine : 6 sous par jour, nourries. — 2. Couvreurs : 25 sous par jour, du 1ᵉʳ avril au 1ᵉʳ septembre ; 18 sous, les autres mois de l'année ; 1 sou, 6 deniers, à la gerbe. — 3. Maçons : 22 sous, 6 deniers, et 16 sous, aux époques ci-dessus. — 4. Charrons : 27 et 18 sous ; 27 sous, pour confectionner une charrue de toutes pièces. — 5. Maréchal : sans augmentation sur le précédent tarif.

Si infimes que soient ces détails, ils ne sont pas sans intérêt dans une histoire locale.

Constitution civile du clergé. — Nous avons vu que l'Église de France avait été dépouillée de ses biens et réduite à l'état le plus précaire. Cependant, les discussions et les troubles que souleva cette inique confiscation auraient fini par s'apaiser ; mais l'impiété visait plus haut. Elle avait résolu d'avilir l'Église, en courbant la conscience de ses ministres, et c'est à ce but satanique que tendirent directement les décrets hérétiques et schismatiques, connus sous le nom de Constitution civile du clergé, à laquelle tous les ecclésiastiques en fonction furent mis en demeure de prêter serment, sous peine de perdre leurs offices. Aucun moyen ne fut épargné pour les amener à accomplir cet acte. On faisait valoir spécialement l'acceptation du Roi ; on alla même jusqu'à répandre le bruit que le Pape avait approuvé ces décrets !

La cérémonie de la prestation de serment avait été fixée au dimanche, 23 janvier 1791. — Après la messe paroissiale, la municipalité se présenta devant le sanctuaire, afin de recevoir, en présence de tous les habitants, le serment civique de M. le doyen et de son vicaire.

Ce fut au milieu du plus profond silence que M. Chopitel fit la déclaration suivante :

« Je jure de veiller avec soin sur les fidèles que l'Église m'a chargé de diriger et que je conduis depuis quarante-cinq ans ; d'être fidèle à la nation, à la loi, au Roi ; de maintenir, dès à présent et de tout mon pouvoir, la constitution que l'Assemblée Nationale a votée et que le Roi a acceptée, en tout ce qui est de l'ordre public ; exceptant formellement tous les objets qui dépendent essentiellement de l'autorité spirituelle ; exception fondée sur les principes que nos honorables Évêques, Archevêques et Députés de l'Assemblée ont exposés, au cours des débats sur cette constitution, et qui ont été adoptés par le plus grand nombre des Évêques de France, en particulier, par mon digne et vénéré prélat.

« En conséquence, je déclare ne pouvoir, actuellement, me lier envers les décrets qui concernent la religion. J'attends respectueusement l'intervention libre de l'Église et je m'en réfère à son jugement, ou au jugement conforme des deux puissances civile et ecclésiastique.

« Je jure, enfin, dans toute la sincérité de mon âme, que la nation n'aura jamais un citoyen plus paisible que moi, un patriote qui désire plus ardemment le bonheur de mon pays et de tous mes paroissiens en particulier. Tels sont mes sentiments. »

M. Cressonnier, vicaire, avait d'abord protesté qu'il ne

se soumettrait d'aucune manière à la loi ; mais, au dernier moment, il se ravisa, et, à la suite d'une longue dissertation sur les principes de la foi catholique, sur le pouvoir du Pape et des Évêques, il jura, en faisant les mêmes réserves que son curé.

Ce serment, parfaitement orthodoxe, était irrégulier aux yeux de la loi, qui ne tolérait pas qu'on se servît, en le prêtant, « de préambule, d'explications ou de restriction quelconques. » — Trois jours après, nos ecclésiastiques sont mis en demeure de le renouveler purement et simplement, sans aucune observation. Le dimanche suivant, les municipaux, le maire en tête, vinrent au presbytère, avant la messe, supplier M. le doyen et son vicaire de ne point continuer une résistance qui les mettrait dans la nécessité de les signaler aux autorités. — La Révolution avait égaré les meilleurs esprits, et ces hommes sincèrement religieux, attachés à leurs pasteurs, étaient persuadés que tout devait plier devant la loi ; comme si, dans tous les temps, les plus grands crimes n'avaient pas été commis au nom des lois ! Ils furent poliment éconduits.

Mais le gouvernement n'était pas en mesure de donner immédiatement des remplaçants à tous les ecclésiastiques *insermentés*, et c'est grâce à cette tolérance forcée que MM. Chopitel et Cressonnier durent de rester en fonction jusqu'au mois de juin. Vers la fin du mois de mai, les électeurs du district, réunis à Bourbonne, avaient nommé à la cure de Pierrefaite le citoyen Lemoine, vicaire de Velles. Il reçut, le 2 juin, ses lettres d'installation de l'Évêque constitutionnel de Langres, Antoine-Hubert Wandelaincourt, et, le 5, il prit possession, en prêtant, à la messe paroissiale, le serment exigé.

Nicolas Lemoine, né à Ouge, le 6 juin 1746, prêtre en 1770, avait été laissé sans fonction dans sa famille. M. Chopitel lui confia, pendant près d'un an, l'administration de sa paroisse. Il devint ensuite, successivement, vicaire de Rangecourt, 1775-1780 ; de Cussey-les-Forges, 1780-1785 ; de Chaudenay, 1785-1786 ; de Velles, 1786-1791.

Turbulent et ambitieux, aigri sans doute aussi par le peu d'attention qu'on lui avait témoigné et par sa

promenade à travers le diocèse, si mortifiante pour sa
vanité, M. Lemoine embrassa avec ardeur les idées nouvelles. Il possédait, en commun avec son frère, la ferme
La Reine, à Pierrefaite. Sa nomination à la cure combla
ses vœux, mais elle ne lui apporta ni la paix ni le bonheur. La confiance de la meilleure partie de la population
suivit ses pasteurs, retirés à la maison d'école. Les fidèles
fuyaient l'*intrus*, le criblaient de brocards et s'égayaient
à ses dépens. Il en conçut un vif ressentiment et, dès que
les patriotes l'eurent introduit dans l'assemblée municipale en qualité de notable, il se lança avec âpreté dans la
lutte. Tenace dans ses idées et retors en chicane, il
intenta contre ses rivaux, de concert avec les esprits les
plus avancés, un procès qu'il appuya d'un volumineux
factum, et parvint à les faire expulser de leur retraite·
M. Chopitel se retira à Fays-Billot ; M. Cressonnier trouva
un asile au château. Le triomphe de M. Lemoine était
complet. Il fut de courte durée ; un autre prêtre, enfant
du pays, vint mettre une sourdine à sa joie et renouveler
ses ennuis.

Gaspard, le huitième des seize enfants qu'avait eus le
recteur d'école de Pierrefaite, François Mulson, naquit le
26 février 1738. M. Chopitel, à son arrivée dans la paroisse, ayant distingué en lui de l'intelligence et une
grande piété, le dirigea vers la vocation ecclésiastique. Il
fut ordonné prêtre en 1764, étant chanoine de Mussy ; il
devint ensuite chanoine de Tonnerre, titre qu'il garda jusqu'à la Révolution, et vicaire de Ligny. En 1769, il entra
comme curé à la Chapelle-Vaupelteigne (Côte-d'Or). —
Depuis vingt et un ans, M. Mulson administrait cette
paroisse, où son désintéressement et son affabilité lui
avaient gagné l'estime, la confiance et l'affection des habitants, quand l'Assemblée Nationale imposa le serment
constitutionnel. Entre temps, il était venu en conférer avec
son ancien bienfaiteur et maître, M. Chopitel, et il était
reparti, bien résolu à demeurer fidèle. Il jura de maintenir de tout son pouvoir les décrets civils de l'Assemblée,
persuadé que l'expression *civils* indiquait suffisamment
la restriction qu'il voulait faire et la limite imposée à son
serment. Quel ne fut pas son étonnement quand il sut

qu'on l'avait inscrit au nombre des prêtres *assermentés !*
Il s'empressa de protester, en déposant au greffe de la
municipalité la déclaration qui suit, dont il donna lecture
à ses paroissiens, au prône du dimanche, 17 avril.

« J'ai été douloureusement surpris, en apprenant que
mon serment du 23 janvier dernier a été mal compris
et interprété au-delà de mes sentiments. Je déclare donc,
aujourd'hui, que mon intention n'a jamais été de jurer le
maintien des lois contraires à la religion et aux principes
de l'Église catholique. L'Assemblée Nationale n'a pas le
droit d'imposer de tels décrets. C'est pourquoi j'excepte
formellement, de mon serment à la Constitution, tous les
objets qui dépendent essentiellement du pouvoir spirituel (1). »

Deux mois après cette démarche loyale et courageuse,
le secrétaire de la municipalité signifiait à M. Mulson
l'ordre de quitter le presbytère. Il se retira dans son pays
natal, auprès de son frère, Jean-Baptiste, qui avait succédé
à son père dans les fonctions de recteur d'école, et M. de
Minette lui ouvrit son château pour la célébration du
culte.

En partant pour l'exil, Mgr de La Luzerne, évêque de
Langres, avait autorisé les prêtres insermentés à dire la
messe dans des maisons particulières, lorsque les églises
seraient envahies par les intrus, avec lesquels les fidèles
ne devaient point communiquer, et à se servir, dans le
besoin, de calice et de ciboire de matière commune (2).
— D'autre part, l'article 7 d'un arrêté du Directoire du
département de la Haute-Marne, en date du 19 juillet 1791,
obligeait tout individu, qui voulait consacrer un édifice ou
une partie d'édifice à l'exercice d'un culte quelconque, à
placer à la porte principale d'entrée un écriteau, indiquant
l'usage auquel était destiné le local, afin de le distinguer
des églises nationales, où les prêtres assermentés et sala-
riés par l'État remplissaient leurs fonctions.

Le 2 décembre 1792, les habitants sont appelés, une

---

(1) Archives de la commune de Vaupelteigne.
(2) Instructions de l'Evêque de Langres, nº 16.

troisième fois depuis 1789, à nommer leur municipalité. Mais, hélas ! les temps sont bien changés. La question religieuse a introduit une division profonde dans le pays, naguère si uni et si paisible. Une grande partie des électeurs prit le mauvais parti de s'abstenir. Furent élus : de nouveau, maire, Légand ; officiers municipaux : Jean Questel et Ant. Peltret ; notables : N. Lemoine, curé, Joseph Jacquinot, Claude Bessel, J. Ignard, J. Bessel, Gabriel Pinget ; procureur : François Bronoël.

Pendant les opérations du vote, la municipalité en exercice, vexée du mépris que l'on faisait d'elle, en dédaignant de prendre part au scrutin, fatiguée aussi par les récriminations sans cesse renaissantes de M. Lemoine contre les prêtres fidèles, envoya au château, vers les dix heures du matin, un détachement de la garde nationale, sous le prétexte que l'on y célébrait le culte, sans avoir, au préalable, rempli la formalité du placard à la porte d'entrée, et, malgré la vive résistance que M. de Minette opposa à cette violation de son domicile, deux gardes nationaux parvinrent à pénétrer dans une des chambres du premier étage, où ils trouvèrent M. Mulson achevant de dire la messe, en présence d'une trentaine de personnes. La municipalité reçut leur rapport, le fit enregistrer et l'envoya aux autorités du district.

Cette affaire qui, en elle-même, ne dépassait pas les limites d'une contravention à un arrêté directorial, se trouvait singulièrement aggravée par suite des décrets violents que l'Assemblée Nationale avait rendus contre les prêtres réfractaires. Il est vrai que ces décrets n'eurent pas force de loi, Louis XVI leur ayant refusé sa sanction ; mais, après le 10 août, la Législative, qui s'était emparée du pouvoir, les avait dépassés en rigueur avec sa loi du 26 août 1792 et, dans le courant de janvier 1793, MM. les abbés Mulson et Cressonnier furent arrêtés et emprisonnés à Langres.

La garde nationale et les enrôlements volontaires. — La garde nationale, organisée à Paris, le 13 juillet 1789, le fut bientôt dans toute la France (1). Tous les citoyens

(1) Les meneurs révolutionnaires avaient imaginé d'expédier de

valides, de 18 à 60 ans, en faisaient partie. A Pierrefaite, son armement consistait en une douzaine de fusils de chasse et quelques vieux sabres. Pour compléter son armement, on fit fabriquer à Bussières, aux frais du Trésor public, en conformité de la loi du 1er août 1792, cinquante piques, à raison de 5 livres, l'une. Elle a pris son rôle au sérieux. On monte la garde le jour et la nuit, des patrouilles parcourent les rues, on plante l'arbre de la liberté et l'on jure de mourir pour la patrie.

Ces jeux d'enfants avaient leur sanglante réalité sur la frontière. L'Assemblée Nationale, effrayée par les périls du dedans et par les menaces du dehors, avait rendu un décret solennel qui déclarait la nation en danger, et mettait en activité de service tous les citoyens en état de combattre. Chaque particulier était tenu de déclarer les armes et les munitions qu'il possédait. Le 16 juillet, sur un rapport de Carnot, il avait été décidé que le complet de l'armée de guerre serait porté à 450,000 hommes, et, pour atteindre ce chiffre, on faisait appel aux volontaires nationaux. Au mois de septembre, la municipalité acheta deux hommes destinés aux armées de Dumouriez et de Kellermann, et elle imposa une contribution de trois francs sur chaque citoyen valide, en remboursement de ses avances.

Cependant, Louis XVI était mort sur l'échafaud (21 janvier 1793), et l'Europe coalisée marchait contre la France. Le 21 février, la Convention décrète une levée de 300,000 hommes. Dans son Adresse au peuple français, elle appelle aux armes tous les citoyens non mariés ou veufs sans enfants, de vingt à quarante ans. Pierrefaite doit fournir onze soldats, qui seront mis en route le 17 mars. Le 12 de ce mois, le maire convoque les individus compris dans le décret ; il leur lit l'adresse de la Convention et leur annonce qu'une somme de 2,200 livres (1) sera distribuée par la commune aux volontaires qui se feront inscrire sur le registre des engagements, pendant les trois

---

Paris, dans toute la France, des courriers, chargés d'annoncer l'approche de quatre ou de six mille brigands et, en un moment, deux millions de gardes nationaux furent sur pied.

(1) La municipalité avait emprunté la somme à MM. Daguin, de

jours qu'il restera ouvert. « Et à l'instant, ajoute le procès-verbal du maire, onze d'entre eux : François Tisserand, Michel Bourgeois, François Huot, François Ouvrardot, François Loiselot, N. Henry, P. Vosey, Jean Ravenet, Gabriel Mordain, Pierre Ouvrardot, P. Lamotte, animés d'un vrai patriotisme et d'un sincère amour de la mère patrie, nous ont prié de les inscrire ; ce que nous avons fait avec une vive satisfaction, en leur témoignant, autant qu'il nous a été possible, la reconnaissance de la République. »

Le 23 avril suivant, le retour de Pierre Lamotte, refusé à cause de son défaut de taille, nécessite une nouvelle convocation. Mais les nouvelles arrivées du théâtre de la guerre sont mauvaises. La défaite de Nerwinde (19 mars 1793), la défection de Dumouriez, les fautes et les échecs de Custine sur le Rhin, ont singulièrement refroidi l'enthousiasme. Aucun volontaire ne se présente, et le maire est obligé d'interpeller l'assemblée sur le mode qu'elle compte adopter pour compléter le contingent. Les patriotes sont en majorité, ils s'entendent, réclament le scrutin, et J.-B. Grangey, de Fays-Billot, homme d'affaires de M. de Minette, devient le Bouc émissaire de leur couardise. N'était-ce pas aussi pain bénit, que de jouer ce bon tour au domestique d'un aristo !

Les suspects, leur jugement, leurs diverses condamnations. — Tandis que nos troupes combattaient contre les armées coalisées de l'Europe, une tyrannie effroyable ravageait le France. Les lois de bannissement contre les prêtres fidèles en avaient débarrassé la Convention : la terrible loi des suspects lui permit d'assouvir sa haine contre les catholiques.

On appelait du nom de *suspect* tout individu soupçonné d'incivisme, c'est-à-dire de ne pas approuver l'ordre de choses établi, particulièrement la persécution religieuse.

Un arrêté du département, en date du 2 mai 1793, enjoignait aux municipalités de dresser une liste des per-

Charmoy. Cette dette, qui a donné de grands soucis à la commune, ne put être complètement éteinte qu'après les guerres de l'Empire.

sonnes suspectes et de prendre contre elles les plus rigoureuses mesures (1). Déjà plusieurs habitants étaient obligés de venir, chaque jour, rendre l'appel de leurs noms devant le conseil de surveillance, et faire constater leur présence sur le sol de la République. L'heure était arbitrairement choisie par les municipaux de service, et, les jours de pluie, le maire, Légand, se faisait un malin plaisir de laisser se morfondre à la porte les personnes du château. C'est par ces vexations mesquines que l'on préludait aux violences prochaines.

La liste des suspects, établie le 21 mai, comprenait trente-sept personnes : vingt femmes et filles ; dix-sept garçons ou hommes mariés. M. Lemoine n'avait pas hésité à collaborer à cette œuvre, plus digne d'un mouchard que d'un pasteur. De leur côté, les agents du gouvernement ne cessaient de stimuler le zèle des patriotes et les gourmandaient de leur faiblesse à poursuivre les suspects, qu'ils représentaient comme les pires ennemis de la France.

On se décide à agir vigoureusement. Dans la crainte d'une émeute, on fait rentrer les armes, qui ne sont rendues qu'à des sans-culottes éprouvés. Le procureur porte plainte contre les suspects, le 15 juin ; l'information a lieu le 18. Dix jours après, le juge de paix de Pressigny, François Varney, assisté de son greffier, Ant. Monniot,

---

(1) Les paroles et les démarches des fidèles qui repoussaient le ministère du curé *intrus* étaient activement surveillées et facilement incriminées d'incivisme et de suspicion :

Le 3 juin 1792, le procureur Bronoël dénonce au Conseil général un *scandale* qui s'est produit à l'église. Un mauvais citoyen a osé faire présenter le pain bénit par une personne étrangère à sa maison, alors qu'il a sa femme et sa fille. Le Conseil indigné arrête que, désormais, tout particulier qui emploiera, pour offrir, une personne autre qu'un membre de sa famille, sera sévèrement puni d'une amende.

Le 14 juin, J.-L. Questel se présente au greffe et déclare que le 12 de ce mois, vers 9 heures du matin, en passant près de l'église, il a entendu un domestique du sieur Minette proférer des paroles contre la constitution. On était dans la semaine-octave de la Fête-Dieu et, voyant un individu qui se rendait, un cierge à la main, selon la coutume du temps, à la messe du curé constitutionnel, une fille de la localité avait demandé à ce domestique où allait cet homme : « A la synagogue, » avait-il répondu.

C'est sur de semblables rapports, dont nous pourrions multiplier les exemples, que la haine politique et religieuse élabora la funeste liste des suspects.

vient à Pierrefaite juger les inculpés. Il a, comme asses-
seurs, Joseph Jacquinot et Jean Robin ; le procureur
Bronoël remplit les fonctions du ministère public.

On appelle les témoins, au nombre de vingt-cinq, la
plupart, des femmes. Ils racontent qu'ils ont entendu des
propos injurieux à l'adresse des Évêques et des prêtres
constitutionnels, de M. Lemoine, en particulier. On l'a
traité avec mépris ; on s'est moqué de son visage gravé de
petite vérole ; des expressions d'un réalisme tout cru ont
été employées contre les députés de la Convention ; on les
a maudit d'avoir envoyé Louis XVI à l'échafaud.

Henri Brayer, brigadier de gendarmerie à Fays-Billot
et deux de ses hommes introduisent les prévenus. Après
un interrogatoire sommaire, sans s'arrêter à leurs déné-
gations, le juge se lève et, dans le style emphatique de
l'époque : « Attendu, dit-il, l'incivisme notoire reconnu
par le Conseil général et déjà réprimé chez la plupart des
accusés par la police municipale ; considérant le danger
que de tels gens font courir de plus en plus à la mère
patrie, par leur fanatisme et leurs propos liberticides,
employés dans le but de séduire les esprits faibles, nous
portons contre eux les peines suivantes, que la police
municipale fera exécuter comme il conviendra. »

En tête de la liste, Marie de Hurault est condamnée
« pour sa haine de la Révolution », à un an de prison et
cent francs d'amende (1). Les patriotes battent des mains ;
depuis si longtemps elle bravait leurs menaces ! Ils se saisissent d'elle brutalement, la placent sur un âne, face
retournée, et la promènent dans les rues au milieu de
leurs clameurs et des plus grossiers outrages. Le lendemain, elle est conduite de pied, entre deux gendarmes, à

---

(1) Les suspects condamnés à l'amende furent : Marie de Hurault,
100 livres ; Geneviève Aubry, femme Thomas Charles, 50 livres ;
Marguerite Caillet, fille, 25 livres ; Claudette Caillet, femme Grand-
mange, 10 livres ; Jeanne Laprovôte, femme de Minette, 50 livres ;
Marguerite Tisserand, femme Claude Laprovôte, 50 livres ; Marguerite Chrétiennot, femme J. Jobard, 10 livres ; François Roberty et 13
autres particuliers conjointement et solidairement, 150 livres. Total
des amendes, 445 livres, attribuées par tiers, 1° aux menus frais de la
municipalité de Pierrefaite et au tribunal de 1ʳᵉ instance ; 2° au
Bureau de Jurisprudence charitable ; 3° au soulagement des pauvres
de la localité.

la maison d'arrêt de Bourbonne, où vont la rejoindre, le 17 juillet , J.-L. Jaugey, François Chrétiennot et Claude Bourcier, escortés d'un détachement de la garde nationale. Le 25, Marguerite Chrétiennot, femme de J. Jobard, est emprisonnée à Laferté. Quatorze suspects demeurent en état d'arrestation dans leurs maisons, avec défense d'en sortir, sous peine d'être aussitôt incarcérés ; dix-huit autres, en considération de leur promesse de se joindre aux bons citoyens, ne sont que rigoureusement soumis à l'appel journalier.

Ce ne fut cependant que le 17 septembre suivant, que la Convention édicta cette monstrueuse loi des suspects, qui mettait en arrestation immédiate toute personne qui, par ses paroles, ses écrits, sa conduite ou ses relations, se montrerait partisan de la tyrannie (royauté), ou du fédéralisme et ennemi des libertés : les ci-devant nobles et leurs parents à tous les degrés. M. de Minette, son épouse, Catherine Laprovôte, leur fille Henriette, et plusieurs autres suspects allèrent ainsi grossir le nombre des détenus.

Le gendre de M. de Minette et son épouse, Thérèse-Victoire, s'étant soustraits à la loi en passant à l'étranger, leurs biens avaient été mis sous séquestre. Nous ne savons quel joyeux espiègle eut alors l'idée de persuader aux sans-culottes du village qu'ils avaient le droit de se mettre aux lieu et place de la Nation et de se partager à l'amiable les terres de la ferme du *Chânois*. Tout frétillants de joie, ils courent au *Prônier*, coupent et préparent les piquets devant servir à l'opération. Le district eut de la peine à leur faire entendre qu'ils ne pouvaient, de leur autorité privée, s'adjuger des biens que M. de Minette, père, n'avait pas donnés en partage légal à ses enfants et qui, d'ailleurs, seraient sortis des mains des émigrés et passés à d'autres propriétaires (1). Amère déception des espérances chimériques dont ces naïfs s'étaient bercés, en acclamant les excès de la Révolution !

(1) En 1793, la ferme du *Chânois* est indiquée comme appartenant aux héritiers Rivot, de Langres.

Tandis que, dans la néfaste séance du 21 mai, on élaborait la liste des suspects, le citoyen Dewès, maire de Fays-Billot, étant entré dans la salle, avait exposé qu'un arrêté du Directoire de Langres invitait les municipalités de Pierrefaite et de Fays à fournir des renseignements sur la conduite incivique et perturbatrice des ecclésiastiques Mulson et Cressonnier. Le procureur Bronoël, par l'organe du secrétaire Lemoine, certifie que ces deux prêtres, dans leur retraite chez le sieur Minette, ont réellement fait des rassemblements d'au moins soixante personnes, tant de la localité que des villages voisins, qu'ils y ont dit la messe et que, par leurs agissements fanatiques, ils ont fomenté des troubles dans la commune.

Il en fallait moins pour être proscrit. Trois semaines après, nos deux prisonniers s'entendirent condamner à la déportation. Ils sortent de Langres, fiers d'avoir confessé la foi, mais la tristesse dans l'âme, à la pensée qu'il leur faut quitter la France. Leur intention étant de se rendre en Suisse, le premier soir de leur voyage les amène à Pierrefaite, où on leur fait le récit des actes déplorables qui s'y sont accomplis depuis leur arrestation. Soudain, la résolution de M. Mulson est prise ; il ne quittera pas le village. Avant de prendre un peu de repos, il tire à l'écart son frère Jean-Baptiste. Il lui montre le vide immense que la déportation et l'emprisonnement des prêtres fidèles vont laisser dans l'exercice du culte catholique. Sous peu, il n'y aura plus personne pour administrer les sacrements. Quant à lui, il a fait le sacrifice de sa vie, et il lui demande un asile sous son toit. Le recteur d'école l'écoutait en silence ; d'abondantes larmes coulaient de ses yeux. Dans l'émotion profonde que lui faisait éprouver le dévouement de son cher frère, l'abbé, il songeait aussi à cette terrible loi du 18 mars, rendue par la Convention. « Huitaine après la publication du présent décret, tout citoyen est tenu de dénoncer, arrêter ou faire arrêter les émigrés et les prêtres dans le cas de la déportation, qu'il saura être sur le territoire de la République. Les émigrés et les prêtres dans le cas de la déportation, qui auront été arrêtés dans le délai ci-dessus fixé, seront conduits, de suite, dans les prisons du district, jugés par un jury militaire

et punis de mort, dans les vingt-quatre heures. » Mais la
foi l'emporta sur la crainte du danger et se jetant dans les
bras du curé de Vaupelteigne : « Oui, dit-il, je vous cache-
rai et, s'il le faut, je saurai mourir avec vous. »

Le lendemain, 20 juin, nos deux voyageurs reprennent
ostensiblement leur route, en plein jour, afin que la population puisse constater leur départ. M. l'abbé Grandjean,
aussi déporté, les rejoignit à Cintrey. Au coucher du
soleil, M. Mulson dit adieu à ses compagnons, pénètre
dans un bois voisin et, à la faveur des ténèbres, il revient
à Pierrefaite. On lui avait préparé une cachette, et il y
resta blotti pendant plusieurs jours. Il établit ensuite,
dans le grenier qui lui servait de retraite, un petit oratoire. C'est là que, sur une modeste table, il offrait le
Saint-Sacrifice. Le recteur d'école le tenait au courant de
ce qui se passait. Bientôt il se hasarda à aller nuitam-
ment porter au dehors, sous divers déguisements, les
secours de son ministère, même à dire la messe en des
maisons particulières, où se réunissaient quelques fidèles
secrètement avertis. De quelles précautions ne fallait-il
pas s'entourer ! Si prudentes qu'elles fussent, ces allées et
venues donnèrent l'éveil aux patriotes. Rendons-leur cette
justice qu'aucun d'eux ne songea à trahir un membre de
cette famille, dévouée, depuis plus d'un siècle, à l'éducation des enfants de la commune. La haine et la jalousie
d'un étranger accomplirent la besogne. Le district informé
donna l'ordre à la gendarmerie et à la police municipale
de faire une active perquisition dans le pays, notamment
dans la maison du recteur d'école. Un matin, avant le
jour, que M. Mulson se disposait à dire la messe, on
heurte violemment à la porte d'entrée. Vite, il prend avec
lui les objets qui auraient révélé sa présence et se glisse
dans le jardin par une étroite lucarne. Les gendarmes
parcourent la maison de la cave au grenier, sondent les
planchers et les murs de la crosse de leurs fusils, enfon-
cent leurs sabres dans la profondeur de la paille et des
fourrages. Ils s'en retournèrent bredouilles, mais en jurant
que le gibier ne leur échapperait pas. Il leur échappa
cependant, car on avait l'oreille fine et l'œil ouvert. Deux
personnes dévouées, sous les dehors d'un patriotisme

8

exalté, recueillaient les projets de la police et savaient les déjouer adroitement. Quelques coups discrètement frappés au plancher indiquaient à M. Mulson s'il devait rester immobile, rentrer dans sa cachette ou s'esquiver avec précautions.

OUGE, succursale, eut aussi ses jours troublés. A la Révolution, M. Bittey en était le vicaire. Il resta fidèle, fut chassé du presbytère et condamné à la déportation. Le curé constitutionnel Lemoine se chargea de la desserte; son premier acte est du 12 juin 1791. Mais si cet ecclésiastique était vu d'un mauvais œil par les fidèles de Pierrefaite, il était exécré dans son pays natal. La municipalité, pour obéir à la loi, lui prêtait son appui. Par une délibération du 20 juin, elle ordonne au commandant de la garde nationale de faire prendre les armes à ses hommes et d'accompagner le Saint-Sacrement aux deux jeudis de la Fête-Dieu, « avec tout le respect, la décence et la *propreté*, que le Roi des rois exige de sa créature. » En vérité, M. Lemoine avait besoin de cet appareil, qui le rassurait contre l'animadversion des catholiques. Il desservit Ouge jusqu'au mois de septembre. Voyant son église déserte et tremblant devant les menaces de ses compatriotes, il refusa de continuer le service. On s'adressa à l'Évêque intrus de Vesoul. Les prêtres assermentés étaient rares ; il répondit que, jusqu'à nouvel ordre, on devait se contenter du curé de Pierrefaite ; mais M. Lemoine éleva si haut ses prétentions, que l'on prit le parti de recourir à M. l'abbé Grandjean.

Ce jeune ecclésiastique, né à Ouge, le 12 juin 1765, ordonné prêtre en 1790, n'avait pas occupé, à cause de sa faible santé, son poste de vicaire de Fouvent, et il était resté dans sa famille, aidant M. Bittey dans les fonctions du ministère. Il accueillit avec empressement la proposition de ses concitoyens, en déclarant, toutefois, qu'il ne prêterait aucun serment. Le district de Jussey, instruit de son refus de se soumettre à la loi, lui défendit tout exercice du culte et l'inscrivit au nombre des réfractaires.

Enfin, le 6 janvier 1793, le citoyen Évêque de Vesoul envoya Pierre-Claude Simorin, chargé de desservir Ouge et La Quarte. Le dimanche suivant, il prêta, à l'église, le nouveau serment de liberté, d'égalité, ou de mourir à son poste. Il se garda bien de prendre le temps d'y mourir et, devant l'hostilité accentuée des fidèles, il leva le pied, au bout de quinze jours, sans tambour ni trompette. En désespoir de cause, il fallut se retourner vers M. Lemoine, subir ses exigences et les garanties qu'il demandait.

Les élections du 2 décembre 1792 avaient donné à la municipalité d'Ouge des hommes nouveaux, d'une exaltation qui n'avait d'égale que leur ineptie. Entre tous, brillait l'illustre maire Calland. Sa définition des suspects est un chef-d'œuvre de méchanceté idiote. Etait réputé traître à la patrie quiconque ne se courbait pas profondément devant ce tyranneau. Avec l'aide de son compère, le procureur Loiseau, il coucha sur sa liste des suspects 194 noms. On y voit des familles entières : le père, la mère et jusqu'aux enfants au berceau. Cette joyeuseté sinistre, exécutée le 8 juin 1793, était suivie, quelques jours après, d'une sommation aux inculpés, par voie d'affiche, de venir, dans les vingt-quatre heures, prêter serment aux autorités établies et signer sur le registre de la municipalité leur soumission à la République. Il y a là une page curieuse de gribouillages fantaisistes, et le nombre des signatures indique sous quel régime de terreur on vivait. Les plus hardis, qui étaient aussi les plus intelligents et les plus influents dans l'opposition aux mesures anticatholiques, avaient osé faire suivre leurs noms de timides réserves concernant la liberté religieuse. Le coup de Calland avait réussi ; il s'en frotta les mains de joie. Il tenait, désormais, une preuve écrite de leur incivisme, suffisante pour les envoyer en prison, sans autre forme de procès.

Dans la liste des suspects figurait le nom d'un homme étonné que l'on doutât de lui, après les gages non équivoques qu'il avait donnés à la Révolution. Il s'appelait Jean-Paul Doribée. Né à Ouge, le 24 janvier 1746, prêtre en 1770, d'abord vicaire de Farincourt 1771-1779, puis, de Saulles, 1779-1780, il était chanoine régulier de Grancey, lors de la prestation de serment à la constitution civile du clergé, et il s'était empressé d'échanger son canonicat contre une pension de mille livres que lui offrait le gouvernement, en retour de son obéissance à la loi. Retiré à

Ouge, s'il avait eu l'adresse de devenir promptement un riche propriétaire, il ne put éviter la jalousie des sans-culottes, qui ne cessèrent de le harceler de leurs dénonciations. Le 18 prairial, an III, notamment, (juin 1793), ils adressent au district de Jussey une plainte véhémente contre lui, au sujet des réquisitions. « Ils sont outrés de le voir posséder encore cinquante quintaux de foin, et il n'en a déclaré que la moitié. Des pauvres fermiers s'épuisent en fournitures pour l'armée et lui, jouissant d'un repos parfait, ose réclamer si la viande de boucherie vient à manquer. Ils sont tous obligés de donner leur lard, leurs jambons, de prêter leurs chevaux, leurs voitures, et des riches sans enfants au service de la patrie n'ont qu'à bien dormir et à bien vivre. » Ces accusations perfides, signées par tous les envieux du village, étaient accompagnées des trois baux que l'ex-chanoine avait passés avec ses fermiers.

L'infortuné Doribée sentait l'orage s'amonceler sur sa tête. Dans l'espoir de le détourner, il s'était empressé de se soumettre, le premier et sans réserve, à l'ukase du citoyen Calland. Il n'en fut pas moins arrêté et emprisonné à Jussey. Pour apaiser ses juges, il déclara qu'il faisait abandon à la patrie de sa pension de mille livres et, comme toutes les lâchetés se tiennent, spectacle lamentable! foulant aux pieds son caractère de prêtre, il ajouta : « Je veux surtout rendre hommage à la vérité et à la raison en leur sacrifiant mes lettres de prêtrise et de canonicat, que je tenais d'un imbécile préjugé et d'un charlatanisme qui ont trop longtemps abusé de la crédulité du peuple. » Renvoyé absous, ses ennemis ne le lâchèrent point. Malgré sa générosité patriotique et son apostasie, de nouveau arrêté, il eut le guignon d'aller rejoindre, dans la prison de Chauvirey, dix-sept autres suspects d'Ouge, incarcérés pour une cause plus glorieuse que la sienne. En sa qualité de riche, il lui fallut se pourvoir de feu, de lit et de vivres (décembre 1793).

Dans les entrefaites, Robespierre-le-Jeune ayant été envoyé en mission dans la Haute-Saône, notre chanoine déprêtrisé profita de son passage à Jussey pour faire parvenir, du fond de sa prison, au Club de la Société populaire de cette ville, une requête indignée, où il étalait tous ses titres de civisme et démontrait comment il avait été victime de la plus noire calomnie. Les clubistes, considérant les preuves éclatantes de sans-culottisme données par le citoyen Doribée, et que l'esprit de malveillance et de vengeance était le seul motif de son arrestation, demandèrent son élargissement, que Robespierre sanctionna le 7 février 1794.

Le département de la Haute-Saône avait pour procureur, en 1793, le fougueux Meiller, qui ne cessait de stimuler l'ardeur des districts, trop endormis à son gré sur les ennemis intérieurs de la République. Le 17 avril, il écrivait à celui de Jussey : « Il nous revient que le prêtre Grandjean, caché à Ouge, y dit la messe, confesse, administre les Sacrements et fanatise les esprits de la manière la plus dangereuse. Nous attendons de votre zèle la répression de ces abus. »

En transmettant ces reproches aux autorités de la commune d'Ouge, le district y ajoutait l'expression de son vif mécontentement, pour un défaut de surveillance aussi répréhensible. Piquée dans son amour-propre, la police municipale se rendit au domicile de Remi Grandjean, cordonnier, et le somma de lui déclarer où était son fils, prêtre rebelle aux lois. On le menaçait de toutes les foudres de la République si, dans le délai de trois jours, il ne présentait un certificat légalisé de son séjour en France et des lieux qu'il avait habités, depuis qu'il était signalé comme réfractaire. En même temps, la gendarmerie traquait inutilement les environs. M. l'abbé Grandjean, déguisé en colporteur, s'était enfui du côté de Troyes. Arrêté à Gurgy-la-Ville (Aube), il fut ramené à Jussey et condamné à la déportation, (18 juin 1793) (1).

Pillages des églises. — Vente des presbytères. — L'Église de France, dépouillée de ses biens, avait été violentée dans la conscience de ses ministres : les prêtres fidèles étaient dispersés, emprisonnés, mis à mort. On

(1) Archives de Jussey et de Vesoul. Registres de la commune d'Ouge. Histoire de Jussey, par Coudriet et Châtelet.

devait aller jusqu'aux dernières limites de l'impiété : abolir le culte chrétien, faire disparaître tout symbole qui en rappelât le souvenir et lui substituer les réminiscences païennes.

1. Nos églises eurent, durant la période révolutionnaire, trois pillages à subir, sous le rapport de leur mobilier. Le premier pillage, effectué en 1790-1791, a été celui des chapitres, abbayes, prieurés, chapelles et couvents supprimés. Il a été complet, n'exceptant pas même les vases sacrés. Dans le second pillage (1792), on nous enleva la plus grosse de nos cloches qui fut expédiée à la fonderie. Le troisième pillage, celui de 1793, dépouilla totalement notre église.

Dès le 24 juin, le Conseil général de la commune envoyait les renseignements suivants, que le gouvernement réclamait dans un but qu'il eut été facile de prévoir (1). « La Fabrique ne possède que quinze paires de bichets annuels, mesure de Langres, et deux contrats de cinq cents livres sur le ci-devant Clergé, dont les rentes n'ont pas été payées depuis trois ans. Ces revenus sont insuffisants pour les besoins du culte. L'église n'a que trois chapes : une noire, une rouge, une violette ; deux paires de chandeliers et une grosse lampe en cuivre ; un antiphonaire, un psautier, un missel, deux surplis, douze chasubles usées, trois aubes et cinq mauvais surplis d'enfants de chœur. Elle a un besoin extrême de deux chapes et d'une écharpe pour la bénédiction. » L'inventaire se termine par cette naïveté : « Si nous pouvions participer à la distribution des aubes et des surplis, ce serait un surcroît de reconnaissance. »

L'article 5 de la loi du 13 brumaire donna la réponse à cette supplique. Il ordonnait d'envoyer à la Trésorerie, par la voie du district, tout l'or et tout l'argent servant au culte ; le cuivre et l'étain, à la fonderie.

Le 7 nivôse, le Conseil général se rendit à l'église et

---

(1) Le but hypocritement annoncé était une distribution à faire aux églises pauvres : mais, c'est toujours de mauvais augure, lorsqu'un gouvernement sans scrupule inspecte de trop près ce qui appartient au culte. Des yeux à la main, il n'y a pas loin.

s'assura qu'il s'y trouvait sept marcs, six onces d'argent, consistant en un soleil, un calice, un ciboire et deux vases pour les onctions ; six gros chandeliers, deux petits, deux croix, une lampe, un encensoir avec sa navette, un bénitier et plusieurs autres menus objets, le tout en cuivre jaune, du poids de quatre-vingt-douze livres.

M. Lemoine avait eu le courage d'assister à cette razzia, d'en signer l'inventaire et d'en surveiller l'envoi. Mais, alors, qu'allait-il devenir ? Son rôle de curé était bien fini. En vain avait-il sollicité d'être gratuitement collecteur d'impôts ; sa qualité de prêtre le rendait suspect aux patriotes, et la haine qu'il leur avait soufflée au cœur se retournait contre lui en peine du talion. Affolé par la peur et ne voulant pas, cependant, descendre jusqu'au fond de l'abîme en livrant ses lettres de prêtrise, il se munit, auprès du comité de surveillance (1), d'un laissez-passer à la destination de Langres, Villars-Montroyer, Chagny, et il disparut le 7 floréal. Averti de sa fuite, le district envoya de Bourbonne un lieutenant de gendarmerie, qui mit les scellés sur ses meubles et la police informa contre lui.

2. Le 17 novembre 1793, la Convention avait rendu un décret, disposant que les presbytères des communes ayant renoncé au culte, ou leur produit, seraient destinés à subvenir au soulagement de l'humanité souffrante et à l'instruction publique. C'était offrir, aux communes rurales surtout, un appât qui pût les déterminer à des actes d'apostasie et mettre des obstacles à leur retour à la religion. Des localités s'y laissèrent prendre. Ouge vendit sa maison curiale, située à côté de l'église, en gaspilla l'argent, et se trouva bien empêché, lorsqu'il lui fallut, plus tard, fournir un logement à son desservant. A Pierrefaite, on eut, inconsciemment peut-être, moins d'imprévoyance.

_____

(1) Il s'était établi, dans chaque commune de France, un comité de douze citoyens élus, chargés de surveiller les étrangers. Ce comité, institué le 29 septembre 1793, se composait des individus suivants : Jacques Légand, Ant. Peltret, Edme Dromot, J. Robin, J. Légand, Sébastien Pail, J.-L. Marcout, Claude Légand, Jacques Broillard, Jacques Ignard, François Huot, François Protoy. *Registre de la commune de Pierrefaite.*

Le 4 messidor, an III, le Conseil général, « considérant que le presbytère est inhabité depuis la longue absence de M. Lemoine ; que, dans tout le voisinage, on ne dit plus la messe ; demande que la salle d'école, lieu ordinaire des séances de la municipalité, soit restituée à l'instituteur, et la cure consacrée, une partie aux réunions du Conseil, l'autre partie, à déposer les denrées réquisitionnées par la nation. Un écriteau, portant ces mots : *Maison commune*, sera placé au-dessus de la porte d'entrée. » Cette délibération, que le district approuva, a sauvé notre presbytère.

Année et fêtes républicaines. — 1. Nous sommes en plein règne de l'athéisme. Il n'y a plus de dimanche dans la semaine, la semaine elle-même n'existe plus. Le calendrier républicain a partagé le mois en trois décades ; le jour de repos est le dixième de la décade. Les douze mois de l'année sont de trente jours chacun ; les cinq jours qui restent sont appelés *sans-culottides* et réservés à des solennités publiques. On date, non plus de l'ère chrétienne, mais de l'ère républicaine qui commence le 2! septembre 1792, jour de l'établissement du gouvernement nouveau. Les saisons ont perdu leurs désignations anciennes ; *Vendémiaire, Brumaire, Frimaire*, sont les mois de septembre, octobre et novembre ; *Nivôse, Pluviôse, Ventôse*, sont les mois de décembre, janvier et février ; *Germinal, Floréal, Prairial*, sont les mois de mars, avril et mai ; *Messidor, Thermidor, Fructidor*, sont les mois de juin, juillet et août. Les saints, dans le calendrier, ont fait place à des noms de fruits, de légumes, d'outils, etc. C'est alors qu'eurent lieu les saturnales de la déesse *Raison*, tandis que, sur l'échafaud, coule à flots le sang de milliers d'innocentes victimes !

Cependant, Robespierre, guidé en cela par des préoccupations de politique personnelle, avait fait rendre un décret portant que le peuple français « proclamait l'existence de Dieu et l'immortalité de l'âme, » et une fête en l'honneur de l'Être suprême était fixée au 20 prairial (8 juin 1794).

La municipalité convia la population entière à cette fête, dont elle traça le programme. Chaque citoyen devait se présenter, à huit heures du matin, avec un bouquet de fleurs ou de verdure, au-dessus du jardin du ci-devant seigneur Minette, lieu du rendez-vous. Le Conseil général, escorté de la garde nationale, y vint en corps, le président tenant une branche de feuillage, ornée d'épis de blé, de raisins et de fleurs. Les jeunes gens, une épée à la main, arboraient comme drapeau une pique surmontée du bonnet tricolore. Dès que la réunion fut au complet et le maire ayant expliqué l'objet de la cérémonie, deux coups de fusil donnèrent le signal du départ. Le cortège se composait de quatre groupes : les filles, les femmes, les jeunes citoyens, les hommes non armés. Chaque groupe, séparé par un intervalle de quatre pas et précédé de deux fusiliers, chargés de maintenir l'ordre et les distances, s'avançait sur quatre personnes de front. Le Conseil général et les hommes armés fermaient la marche.

Lorsque cette singulière procession se fut promenée majestueusement dans les principales rues du village, elle pénétra dans l'église, que l'on avait baptisée du nom de *Temple de l'Être suprême*. La foule y prend place ; le maire Légand fait fumer l'encens sur l'autel de la patrie, monte en chaire, débite un discours à l'assemblée, puis, entonne un hymne patriotique, que continue l'assistance. Les chants terminés, l'on se rend, dans le même ordre qu'à l'arrivée, autour de l'arbre de la liberté, orné du bonnet républicain, où l'on répète encore des strophes guerrières et nationales. Une salve de coups de fusil indique la fin de la cérémonie.

La Convention avait aussi institué qu'aux jours des décades et des fêtes en l'honneur du Genre humain, du Peuple français, de la Vieillesse, etc., la population se réunirait au temple, pour y entendre la lecture des lois et chanter des refrains appropriés aux circonstances.

Il était plus facile de décréter ces nouveautés que de les faire goûter et accepter, en remplacement de nos touchantes fêtes religieuses. Les habitants avaient d'abord participé à ces assemblées, attirés les uns par la curiosité, les autres talonnés par la peur. Mais ces réunions purement laïques, vides de sentiments élevés, laissaient l'âme indifférente, froide, et l'on se prit bientôt à les considérer sous leur aspect trivial et sacrilège. Les malins se gaussaient du maire qui, d'une allure gauche et prétentieuse, voulait singer le curé ; les catholiques s'indignaient de la profanation de leur église ; des républicains eux-mêmes se demandaient s'il avait été nécessaire de tout bouleverser pour arriver à un si piètre résultat. Peu à peu les bancs se vidèrent d'auditeurs. Indigné de ce défaut de zèle, le Conseil général lança un arrêté, le 11 messidor, menaçant de poursuites et d'amende les citoyens récalcitrants.

Enfin, le 9 thermidor, le rideau tombe sur la scène, avec la chute et le supplice de Robespierre. La France, lasse de ce gouvernement de bourreaux et du régime de la *Terreur*, pousse un long soupir de soulagement. Les portes de la prison de Bourbonne s'ouvrent devant les détenus. Au mois de nivôse, les nobles, les prêtres assermentés se présentent à la municipalité et se font déliver un certificat constatant que, depuis le 1er mai 1792, ils n'ont point émigré et qu'ils ont prêté le serment de fidélité aux autorités établies. Remis de sa frayeur, M. Lemoine, lui-même, reparaît ; mais, son certificat obtenu, il se hâte de déguerpir du village, où il n'aperçoit que des visages irrités.

Le registre du greffe nous révèle aussi la présence à Pierrefaite, d'un autre prêtre, que nous n'avons garde d'oublier, sa mémoire nous étant chère au même titre que celle du fidèle curé de Vaupelteigne.

François Jacquinot, né à Charmoy, le 10 juin 1760, était venu, dans la suite, avec ses parents, habiter Pierrefaite. Ordonné prêtre, en 1787, il fut vicaire de Balot et ensuite de Laignes (Côte-d'Or). Sous l'influence des deux frères, François et Claude Mariglier, le premier, curé de Laignes, le second, de Passilly, il avait cru pouvoir prêter serment à la constitution civile du clergé. Sa conscience ne tarda pas à lui en faire de vifs reproches. Retiré dans sa famille, en 1794, il se livrait aux travaux des champs, en attendant des jours meilleurs. Il fit humblement sa rétractation et reprit, en 1800, ses fonctions de vicaire, dans l'église Saint-Vorles de Châtillon-sur-Seine, poste qu'il occupa jusqu'à la fin de sa vie. Il mourut subitement à l'autel, en 1835. C'était un bien saint prêtre (1). On le tenait en si grande vénération dans la ville, que chaque maison voulut avoir son portrait. Les vieillards nous en parlaient encore, il y a quelques années, avec les accents du plus profond respect.

Les dernières années de la persécution religieuse. — Les prêtres fidèles, en apprenant du fond de leur exil les événements accomplis en France, le 9 thermidor, avaient cru le moment venu de rentrer dans leur patrie. MM. Bittey, Cressonnier, Grandjean, furent aperçus dans nos villages ; mais dès le 22 nivôse, an III (11 janvier 1795), la Convention ayant décrété que les émigrés et les prêtres dans le cas de la déportation, qui oseraient se montrer sur le sol de la République, seraient aussitôt incarcérés et jugés selon la rigueur des lois, il leur fallut repasser la frontière.

Le culte était toujours proscrit. Forcée enfin par la conscience publique, la Convention se décida à permettre de se servir, sous la surveillance des autorités locales, des églises non aliénées, tant pour les assemblées électorales que pour les exercices religieux (11 prairial, an III).

Peu après la proclamation de ce décret, on procéda au renouvellement des municipalités. Les patriotes de Pierrefaite eurent beau se remuer, faire des menaces, la réaction l'emporta haut la main, et la municipalité se trouva entièrement composée d'hommes opposés aux mesures révolutionnaires. Dès sa première séance, sur la motion du procureur Gauthier, elle députa auprès de M. l'abbé Mulson deux de ses membres, Jean Jobard et N. Plain, pour l'inviter à se rendre à la salle des délibérations. A son arrivée, le maire, Martin, lui proposa d'exercer dans l'église, « le culte de la religion catholique, apostolique et romaine, dans le sein de laquelle tous veulent vivre et mourir. » On ne pouvait rien demander de plus agréable à un confesseur de la foi, « de tout temps prêt à se dévouer

---

(1) La note fournie à M. Roussel, pour son *Diocèse de Langres*, tome III, p. 12, sur M. Jacquinot, vicaire de Saint-Vorles de Châtillon, ne renferme d'exacts que ces mots : « *C'était un saint et digne prêtre* ».

au bien spirituel et temporel de ses concitoyens. » Cette première démarche n'eut cependant pas de suite. La Convention avait exigé des prêtres le serment de *haine à la royauté*, que le curé de Vaupelteigne repoussa avec indignation, estimant que c'était lui faire injure que de lui demander de jurer sur un tel objet. Mais ce serment odieux ne tarda pas à être remplacé par cette simple et anodine déclaration : « Je reconnais que l'universalité des citoyens français est le souverain et je promets obéissance et soumission aux lois, » déclaration que M. Mulson déposa entre les mains du Conseil général, le 20 fructidor, et qu'il renouvela le 5 brumaire, an IV, pour être enregistrée au greffe de la justice de paix de Pressigny.

Toutefois, le serment de haine à la royauté n'était pas aboli. Il demeura en vigueur jusqu'à la fin de la période révolutionnaire, comme l'atteste l'exemple suivant, qui rentre dans le cadre de notre histoire.

« Cejourd'hui, 21 ventôse, an VIII de la République une et indivisible (11 mars 1799), en conformité de l'arrêté de l'administration municipale du canton de Pressigny, qui a vu le certificat du citoyen Cubert, officier de santé, demeurant audit Pressigny, constatant que la citoyenne Françoise Jaugey ne peut se transporter ici, même en voiture, à cause de ses infirmités, son président a été délégué pour se rendre au lieu de Pierrefaite, afin d'y recevoir son serment.

« Nous, François Maret, président de l'administration municipale du canton de Pressigny, en vertu de la délégation ci-dessus relatée, nous nous sommes transporté au domicile de ladite Françoise Jaugey, ex-Sœur converse de l'Ordre des Hospitaliers, attachée ci-devant aux maisons des Incurables de Paris, où elle a donné ses soins aux pauvres malades et infirmes desdites maisons, et n'est rentrée à Pierrefaite, son lieu de naissance, que sur la fin de 1791. Le citoyen Légand, agent municipal de cette commune, nous a assisté dans notre visite.

« Nous avons trouvé ladite Jaugey sur son lit, paralysée de ses membres, et, comme l'original du serment qu'elle a ci-devant prêté ne s'est trouvé ni à Pierrefaite, ni à l'administration de Pressigny, nous en avons conclu qu'il avait été envoyé en original. Ladite Jaugey l'ayant réitéré présentement à la Liberté et à l'Égalité et de plus ayant juré *haine à la royauté* et à l'anarchie, nous lui avons donné acte desdits serments. En outre, elle nous a déclaré qu'elle n'a eu aucune succession depuis sa retraite à Pierrefaite, qu'elle n'a effectuée qu'en exécution des lois ; que, dans les premiers temps de sa résidence, elle a touché la pension qui lui était allouée, mais que, depuis plusieurs années, elle n'a rien reçu (1).

« Ladite Jaugey n'a pu signer, étant paralysée de la main droite, plus encore que des autres membres. Signé : Maret, Légand ; Jourd'hui, secrétaire. (2) »

L'exercice du culte, toléré dans une certaine mesure durant les dernières années de la Convention, a varié avec les diverses prescriptions de la loi et les dispositions plus ou moins favorables des municipalités. C'est ainsi qu'à Ouge, M. Mulson jouit d'une liberté presque complète dans les exercices religieux, alors que, à Pierrefaite, où l'idée révolutionnaire avait eu de nouveau le dessus, il doit se contenter, jusqu'au 20 mars 1795, de réciter, dans les sépultures, les prières à la maison mortuaire ; interdiction lui est faite d'accompagner le défunt et d'entrer dans l'église.

A partir de cette date, il récite les prières à l'église, sans présider à la sépulture, le culte étant prohibé au dehors. Ce n'est que depuis septembre 1796 qu'il déclare, dans l'acte, avoir inhumé le corps au cimetière.

La persécution contre les prêtres catholiques n'avait donc pas cessé. Elle se ralluma même avec une nouvelle fureur sous le Directoire, aussi dur envers eux qu'avait été la Convention. Dans notre village, la réaction s'était laissé battre à la nomination de l'agent municipal, chargé de représenter la commune à l'administration cantonale, et l'ancien maire révolutionnaire, Légand, l'emporta d'une voix de majorité (3). Après le 18 fructidor (4 septembre

---

(1) La République avait ainsi fait banqueroute à ses engagements.
(2) Archives de la commune de Pressigny.
(3) Le nombre des votants était de 117 sur 121 électeurs ; Jean Lé-

1797), la persécution religieuse y prit même un si vif degré d'acuité qu'elle rendit intolérable la position de M. Mulson et le contraignit, cette fois, à quitter le pays. C'est ce que nous apprend la note qu'il ajouta à son dernier acte religieux : « J'ai forcément cessé les fonctions du ministère, jusqu'à ce qu'il plaise à la Providence d'en décider autrement, et je pars aujourd'hui, 8 octobre. Il se qualifie « desservant de la paroisse de Pierrefaite et d'Ouge, succursale, par l'impuissance de M. Chopitel, curé-doyen, et dans l'impossibilité de retourner dans la nôtre. » Du 25 avril 1795 au 8 octobre 1797 il a rédigé 92 baptêmes, 48 mariages, 50 sépultures, en la seule paroisse de Pierrefaite.

Les fidèles n'eurent plus d'autres ressources que de recourir, pour l'administration des Sacrements, aux ecclésiastiques que l'on se disait tout bas circuler dans les environs.

Divers actes religieux que recueillit dans la suite M. Cressonnier, nous font connaître les noms de : Père Tranquille, capucin ; Robert, curé des Loges, à Savigny ; Plesse, religieux génovéfain, à Anrosey et à Pressigny ; Totey, à Poinson-les-Fays ; J. Bonnenfant, franciscain ; Ricard, à Anrosey ; Maignien, à Coiffy-le-Bas ; Colombet, du diocèse de Besançon,

Le calme s'étant rétabli à Pierrefaite, M. Mulson peut y revenir, le 18 septembre 1798, et il administre la paroisse jusqu'à 1800. Il devint, ensuite, desservant de Torcenay, où il mourut, le 5 octobre 1817, à l'âge de 79 ans.

Il avait vécu pauvre, il voulut que son enterrement fut celui des pauvres. Par dispositions testamentaires, il avait réglé lui-même ses funérailles. Il ne devait y avoir que quatre cierges à son convoi, tenus par des enfants qui, avec les porteurs du cercueil, seraient choisis parmi les

Légand obtint 59 voix. Gabriel Pinget fut nommé adjoint par 53 voix sur 104 votants.

Les lois de police municipale concernant les fêtes décadaires furent de nouveau appliquées avec sévérité contre les réactionnaires. Par sentence du 1ᵉʳ germinal an 7 (1799), Etienne Chérey et Paul Gauthier sont encore condamnés à chacun trois francs d'amende pour infraction à ces lois.

plus nécessiteux de la commune. Les premiers recevraient chacun 3 francs et un pain ; les seconds, chacun six francs. Il priait ses confrères voisins de se partager ses livres et de s'acquitter en prières pour le repos de son âme. En cas de refus de leur part, sa bibliothèque serait vendue et le produit employé à la même intention pieuse. Il léguait vingt-cinq francs aux indigents de Torcenay, la même somme à la Fabrique, avec tous les cierges trouvés à la cure, à son décès. Son mobilier, d'une extrême simplicité, était toute sa fortune. On le vendit pour acquitter ces modestes legs et le surplus n'a pas enrichi ses héritiers.

M. Granjean, qui administrait la paroisse de Genevrières depuis son retour de l'exil, (1800), en devint le desservant, en 1803. Il y décéda, le 12 mars 1841, âgé de 76 ans. En exécution d'un legs et de la volonté de M. Collin, son prédécesseur, mort martyr au Séminaire Saint-Firmin, à Paris, le 3 septembre 1792, il fonda et dota, dans cette commune, la première succursale des Religieuses institutrices de la Providence de Langres.

M. Lemoine, après voir été environ un an et demi curé constitutionnel de Genevrières, (1797-1799), dut quitter la paroisse où il n'avait apporté que le trouble, et il se retira à Ouge.

En 1800, l'administration nomma Lemoine et Doribée, membres du Conseil municipal de cette commune. Là, encore, ils cherchèrent à intriguer ; mais ils furent obligés de se retirer bientôt l'un et l'autre devant les protestations dédaigneuses de leurs concitoyens.

La mort de Doribée demeure entourée de circonstances mystérieuses. M. Lemoine signa, sur la fin, une rétractation de ses erreurs et sa soumission à l'Archevêque de Besançon.

CHAPITRE VII

Principaux faits contemporains

1800-1898

Organisation municipale. — La Constitution du 5 fructidor, an III, avait enlevé à la commune son individualité ; la loi du 28 pluviôse, an VIII (17 février 1800), la lui rendit. Cette loi confiait son administration à un maire, assisté d'un Conseil municipal ; mais, par une réaction assez ordinaire, à la suite des troubles politiques, elle supprima le principe d'élection et attribua au chef de l'État la nomination des maires, adjoints et conseillers municipaux.

Sous l'empire de la loi de 1814, le souverain continue à choisir les conseillers municipaux.

La loi du 21 mars 1831, conformément aux promesses contenues dans la charte de 1830, basa l'organisation des Conseils municipaux sur un système électif qui, toutefois, fut très restreint. Les électeurs étaient divisés en deux catégories : la première contenait un certain nombre d'électeurs censitaires, en proportion variable avec la population de la commune ; dans la seconde figuraient les citoyens à qui la loi conférait le droit électoral. La loi du 18 juillet 1837 compléta ce système, en fixant les attributions des Conseils et des maires.

Le Gouvernement provisoire de 1848 abrogea la loi du 21 mars 1831 et la remplaça par un décret du 3 juillet, qui remettait au suffrage universel l'élection des conseillers municipaux et portait, en outre, que, sauf dans les chefs-lieux d'arrondissements et de départements, ainsi que dans les communes au-dessus de six mille âmes, les maires et adjoints seraient choisis par les Conseils municipaux et pris dans leur sein.

La Constitution du 14 janvier 1852 retira aux communes

le droit d'élire leur maire. L'Empereur seul les nommait dans les chefs-lieux de départements, d'arrondissements, de cantons, et dans les communes de plus de trois mille habitants. Dans les communes d'une population inférieure à ce chiffre, le préfet nommait le maire et l'adjoint au nom de l'Empereur. Dans toutes les communes, le maire pouvait être pris en dehors du Conseil. Enfin, le souverain s'était réservé le droit de choisir les conseillers municipaux de quelques villes, telles que Paris, Lyon, Marseille.

On sait que, actuellement, les conseillers municipaux, élus par le suffrage universel, ont le droit de choisir leur maire, qui doit être pris dans le sein du Conseil. Paris fait exception.

Quant aux attributions des Conseils municipaux, elles sont toujours telles que les a fixées la loi du 18 juillet 1837. Pour nous servir des formules abréviatives consacrées, leurs délibérations sont *réglementaires, délibératives* ou *consultatives*. On y a ajouté le droit de choisir un ou plusieurs délégués à la nomination des sénateurs (1).

Organisation religieuse. — Au point de vue religieux, la Révolution avait fait table rase de l'Église de France et tout était à recommencer. D'après le Concordat de 1801, conclu entre Sa Sainteté, le Pape Pie V, et Bonaparte, 1er Consul, le diocèse de Langres était supprimé et les deux départements limitrophes, la Côte-d'Or et la Haute-Marne, ne formaient plus qu'un Évêché, dont le siège était la ville de Dijon (2). Mais ce ne fut qu'en 1803 que les Évêques de France se trouvèrent à même, de concert avec l'autorité civile, de créer de nouvelles paroisses. Pour régulariser le culte dans la Haute-Marne, on se contenta d'abord d'y établir une cure dans chacun des vingt-huit cantons et deux cent quatre-vingt-dix cures de troisième classe, improprement dites *succursales*.

---

(1) Nous avons jugé à propos de placer ici ce résumé des lois municipales, auquel le lecteur pourra au besoin se reporter, dans les divers changements de gouvernement.
(2) Le diocèse de Langres a été rétabli en 1823.

Le 6 thermidor, an X, Henri Raymond, Évêque de Dijon, s'étant arrêté à Laferté, au cours de ses visites épiscopales, le Conseil municipal de Pierrefaite lui députa son maire, Richard de Minette, pour lui faire connaître les besoins spirituels de la commune et lui demander un desservant. Il devait lui exposer que « le village, ancien chef-lieu de doyenné, éloigné de cinq kilomètres de son chef-lieu de canton, avait toujours formé une paroisse avec Montesson. Il a vingt-deux fermes, éparses sur un territoire de quinze kilomètres de circonférence. Sa population est de 560 habitants, et Montesson en a 140. Pierrefaite possède, auprès de l'église, un presbytère avec des dépendances et un jardin planté d'arbres fruitiers. L'église a des bancs pour cinq cents personnes et, malgré son entier dépouillement pendant la Révolution, elle est présentement pourvue de linge, d'ornements et de vases sacrés. La commune se dispose à faire à la cure et à l'église les réparations nécessaires. » En 1803, Pierrefaite fut inscrit au nombre des succursales reconnues par l'Etat.

An XI. — Afin de faire face aux dépenses occasionnées par les travaux exécutés à la cure et à la toiture de l'église, on établit une cotisation de dix francs par feu sur les lots de bois.

1810. — Vente de la coupe affouagère, dont le produit sert à éteindre une partie des dettes contractées pendant la période révolutionnaire.

1812-1816. — Les guerres de l'Empire, les invasions de 1813 et de 1815, le stationnement des Bavarois dans le village, les réquisitions faites pendant les *Cent Jours*, ont totalement épuisé les ressources de la commune, qui a encore une dette ancienne de 1145 francs On décide qu'il y a lieu de vendre la coupe affouagère.

Le 25 septembre 1816, Richard de Minette, nommé maire de Pierrefaite, prête, avec son adjoint, Gabriel Pinget, le serment d'obéissance à la charte et de fidélité au roi, Louis XVIII.

1817. Année de famine. — Ce fut une terrible calamité pour la France et pour nos pays en particulier que la famine de 1817. Cette famine tenait à des circonstances qu'il est bon de rappeler. A deux reprises différentes, nos contrées avaient été envahies par un million de soldats étrangers et elles eurent à en supporter les lourdes charges. Toutes les réserves de céréales furent épuisées par ce surcroît de la consommation et, pour comble de malheur, les années 1815 et 1816 avaient été funestes aux récoltes. Les blés, couchés sous des pluies continuelles, germèrent dans le sillon, et le peuple fut réduit à toute extrémité. Le pain monta à des prix exorbitants ; il s'éleva jusqu'à trois francs les quatre livres. Quand le printemps de 1817 arriva, on était à bout. Les pauvres vivaient de plantes, de racines arrachées dans les champs, et même, d'écorce d'arbres. On vit des bandes de paysans errer çà et là, sans pouvoir trouver ni asile ni nourriture, disputant aux animaux une immonde pâture. Les troupes étrangères, qui occupaient la France, s'émurent, elles-mêmes, de tant de misères. Le gouvernement fit des efforts inouïs pour combattre le fléau de la disette, qui laissa dans les esprits les plus douloureux souvenirs et valut à cette année le nom de *chère année*. La récolte abondante de 1817 mit fin à cette désolation.

1822. — Le Conseil municipal consulté désigne le bureau de poste de Fays-Billot, comme étant le plus convenable pour desservir Pierrefaite.

Bans des vendanges : 1822, 25 août ; 1823, 14 octobre ; 1824, 20 octobre.

1824. — Mort glorieuse d'Etienne Questel, lieutenant au 34ᵉ de ligne, né à Pierrefaite le 22 mai 1787, tué sur la brèche, à Tarifa (Espagne).

A la suite d'une entente avec les puissances européennes, nos troupes étaient allées en Espagne rétablir l'ordre troublé par une révolte et rendre sa liberté au roi, Ferdinand VII. Nous ne saurions mieux faire connaître l'épisode de la guerre où le lieutenant Questel perdit la vie, qu'en donnant un extrait de la lettre que M. Lahaye, capitaine au 56ᵉ de ligne, écrivait de Santo-Fernando, le 24 août 1824, à M. Collin, de Cendrecourt (Haute-Saône), beau-frère de Questel, pour lui apprendre la catastrophe.

« C'est la larme à l'œil et le cœur navré que je vous écris cette lettre. Vous avez été sûrement informé des troubles qui viennent d'éclater en Espagne. Un parti d'insurgés s'était emparé de Tarifa. On envoya aussitôt le 34ᵉ de ligne faire le blocus de cette ville et, après treize jours de pénibles travaux, on parvint à la prendre d'assaut ; mais, hélas ! le lieutenant Questel a payé de sa vie ce succès.

« Au moment de l'attaque, chaque compagnie avait sa position. Questel s'avançait avec la 3ᵉ, et la 6ᵉ était conduite par le colonel. Pendant que l'on se disputait la brèche pied à pied, le colonel aperçut une porte par laquelle il pensait qne l'on pourrait pénétrer dans la ville. Il fait appeler les sapeurs pour l'enfoncer, et comme ils n'étaient pas là : « Mon colonel, dit Questel, peut-être pourrons-nous l'enfoncer nous-mêmes, » et c'est en employant ses efforts à y parvenir qu'il fut frappé de la balle qui le tua. Son colonel fut tout couvert de son sang. Lorsque les soldats virent leur lieutenant mort, ils pleuraient de rage, et plusieurs se firent massacrer, en voulant le venger.

« Après la prise de la ville, on célébra, le 20 août, les funérailles de l'infortuné Questel. L'église de Tarifa devint alors le théâtre d'une scène inoubliable et peu commune dans notre état. Officiers et soldats pleuraient à chaudes larmes. Quatre chevaliers de la Légion d'honneur tenaient les coins du drap ; sur la fosse, le colonel, qui est un homme d'un courage et d'un mérite rares, s'écriait : Je suis au désespoir de la mort d'un si valeureux soldat. Tout ce qu'on pourra offrir à sa malheureuse épouse ne compensera pas, sans doute, l'immense perte qu'elle fait dans la personne de son mari, mais je veux du moins que ses enfants soient justement récompensés de la bravoure et du dévouement de leur père (1). »

1825. — Un violent incendie éclate, au mois de mai, au centre du village. Emportées au loin par un fort vent du nord, d'innombrables flammèches tourbillonnaient au-

(1) Le gouvernement fit une pension à sa veuve. Questel laissait deux fils ; *Victor*, l'aîné, élevé à *La Flèche*, devint général de brigade, en 1870, après l'affaire de Sedan, où il fut blessé, et il décéda à Cendrecourt, en 1873. *Ferdinand*, son frère, engagé volontaire dans l'infanterie de marine, en 1840, vit, capitaine en retraite, dans le même village.

dessus des maisons couvertes en chaume et menaçaient la partie sud de Pierrefaite d'un embrasement général. Il n'y avait pas encore de pompe dans la commune et les habitants, frappés de stupeur, s'attendaient à un immense désastre, implorant Dieu de les épargner. Brusquement, le vent changea de direction et jeta le feu sur la campagne. Cinq maisons furent brûlées, y compris les dépendances de la cure, que l'on répara, l'année suivante, en y affectant le produit de la vente de la coupe affouagère.

1828. Classement de la route de Bourbonne à Champlitte. — Au sujet de ce classement, les avis des communes intéressées sont partagés. Les unes veulent faire passer la route par Voisey, Neuvelle, Le Vernois, Bettoncourt, Pisseloup ; les autres, par Montcharvot, Guyonvelle, Laferté. Pierrefaite adopte le second tracé ; « le premier, beaucoup plus long, nécessiterait de nombreux ponceaux et établirait le chemin sur le sol mouvant de la vallée. » Si son sentiment prévaut, la commune s'engage à fournir 1680 mètres cubes de pierre et la somme de six cents francs dans la construction d'un pont sur l'Amance, dont le devis s'élève à 14,000 francs.

La solution a été donnée en ce sens et le chemin classé, en 1835, comme route départementale, actuellement, n° 9bis de Nancy à Gray.

La route de Bourbonne à Champlitte fut commencée dès 1780, et, à cette époque, on négligeait totalement la question de niveau. On allait en ligne droite, de clocher à clocher, sans se mettre en peine de tourner les montagnes. On a, depuis, rectifié les côtes les plus abruptes, comme celles de Laferté et de Montesson ; mais on rencontre encore sur le parcours de cette route des pentes raides et même dangereuses, qu'il eût été facile et nécessaire d'adoucir.

Jusqu'à la création du chemin de fer de Paris à Mulhouse, cette voie, très fréquentée, a rendu de grands services au commerce et à l'industrie. C'est par ce moyen que s'écoulaient directement les denrées du Bassigny et de la Lorraine au port de Gray. Les stations du roulage, entre Bourbonne et Champlitte, étaient : Guyonvelle, Pierrefaite, Genevrières. En contre-voyages, les voituriers ramenaient les vins et les produits du Midi. Aujourd'hui, cette route n'a plus que l'importance d'un chemin de communication, sans offrir l'avantage d'aucun service public.

1830. — Construction de deux fontaines et d'un lavoir, au moyen de prestations en nature fournies par les habitants et d'une somme d'argent que vote le Conseil municipal.

18 septembre. — M. Amédée de Beaujeu remplace son père, Richard, en qualité de maire de la commune.

10 octobre. — Organisation de la garde nationale, composée de tous les hommes valides de 20 à 60 ans. M. Jobert, officier en retraite, est élu capitaine de la compagnie de Pierrefaite et Montesson, puis, chef du bataillon du canton de Laferté.

6 novembre. — M. Grossetête succède, comme maire, à M. Amédée de Beaujeu, démissionnaire; adjoint : Pierre Varney.

1832. — Pour la première fois, la commune vend son quart de réserve de bois et réalise 5,820 francs. Jamais elle n'avait eu pareille somme entre les mains. Elle l'emploie à établir un pont sur le ruisseau qui traverse Pierrefaite, à réparer les ponts de la *Perche* et de la *Malade*, à acheter une pompe à incendie, à équiper une compagnie de pompiers, etc.

La construction d'un pont voûté, à l'Est de l'église, servant à relier les deux principales rues du village, a été une œuvre de nécessité capitale. Jusque là, il fallait passer à même le ruisseau. De cinquante mètres de long que lui donnait le premier projet, il fut, à tort, réduit à trente. Ce pont, d'une solidité à toute épreuve, n'a coûté à la commune que l'infime somme de mille vingt francs. Il convient d'ajouter que l'entrepreneur, inexpérimenté en ces sortes de travaux, engloutit dans cette entreprise, avec ses peines, plus d'argent qu'il n'en reçut de son adjudication.

1er août. — Etablissement d'une subdivision de compagnie de pompiers volontaires, pris dans la garde nationale, parmi les hommes mariés. Ils devaient s'habiller à leurs frais. La commune leur fournit le fusil, le sabre, le casque, les épaulettes et le baudrier. Comme indemnité de service, les moins aisés, seuls, étaient exempts de la prestation personnelle et recevaient gratuitement leur lot de bois, qui se distribue tous les deux ans, moyennant une cotisation de six francs.

Départ d'émigrants pour l'Amérique. — Dans ces temps d'heureuse mémoire, les enfants étaient nombreux et nos campagnes surchargées d'habitants. Un courant d'émigration entraînait vers l'Amérique le surcroît de la population. Au mois d'avril 1832, la famille Mulson-Pierrot, composée du père, de la mère et de neuf enfants, quitte Pierrefaite et s'embarque au Havre, en compagnie de deux autres familles de nos environs. Arrivés à New-York, nos émigrants s'avancent dans les terres et s'arrêtent en un endroit sur lequel des Anabaptistes n'avaient pu se maintenir. Ils nommèrent le lieu *Frencheville* (1), en souvenir de leur patrie. Les débuts furent excessivement pénibles. Tout leur manquait, jusqu'aux vivres qu'il fallait se procurer au loin. On eut faim bien des fois, lorsque les rivières débordées interceptaient les communications. On commença par exploiter la forêt ; on roulait ou l'on traînait, à force de bras, les troncs d'arbres, que l'on faisait ensuite flotter jusqu'au chantier de vente. Avec le produit de ces bois, les colons achetèrent du bétail, des instruments aratoires, des semences, bâtirent des maisons de culture et, au bout de quelques années, ils vécurent dans l'aisance, se félicitant de leur entreprise.

La grande peine de nos compatriotes était la privation des secours religieux. Ils observaient fidèlement le repos dominical, obligatoire d'ailleurs en Amérique, et, dans leur impossibilité d'entendre régulièrement la messe, trop éloignés qu'ils étaient d'une église, il se réunissaient dans une des chambres de leurs fermes, disposée en oratoire. La prière en commun était suivie des psaumes, des hymnes et des cantiques en rapport avec le jour, chantés dans les livres du diocèse de Langres, qu'ils avaient emportés avec eux. Quelle joie, lorsqu'un prêtre catholique venait les visiter !

---

(1) *Frencheville* (village des français), est situé au confluent des rivières la *Susquehanna* et la *Juniata* (Pensylvanie).

D'autres émigrants, partis de notre contrée, n'avaient pas tardé à aller les rejoindre et, au bout de douze ans, la population, disséminée sur le territoire, s'élevait à près de cent cinquante âmes. Ils construisirent alors une chapelle en bois et ils obtinrent qu'un prêtre vînt de temps en temps y célébrer les offices. Quinze ans plus tard, ils sont assez nombreux pour songer à avoir une église. La pierre est rare dans le pays. En parcourant la forêt, quelques Frenchevillois en découvrirent providentiellement un bloc énorme, à fleur du sol. Tous se mettent à la besogne ; le rocher est débité en pierres de taille et en moëllons, avec lesquels ils édifièrent une jolie église et un presbytère à côté. L'Évêque de Harrisburg envoya à la Congrégation un prêtre français, originaire de l'Auvergne, qui fut leur premier pasteur. Ils ont aussi bâti, dans la suite, une école de garçons et une de filles ; ils ont confié celle-ci à des Religieuses. Suivant les lois existant en Amérique, ils entretiennent à leurs frais le culte et l'instruction.

Les cultures, à Frencheville, ne diffèrent guère des nôtres. Les pépins, les noyaux et les greffes, emportés ou envoyés de France, devinrent bientôt des arbres de plein rapport.

Jusqu'ici, la vigne n'a pu y être acclimatée. On l'y cultive en treilles, qui donnent un peu de vin.

La colonie conserva longtemps les habitudes, les coutumes et jusqu'au patois de son pays d'origine ; mais maintenant que le bourg renferme plus de quinze cents âmes, l'élément yankee menace d'absorber entièrement la population primitive. Déjà, il y a dix ans que l'Évêque de Harrisburg, irlandais de naissance, a imposé à la Congrégation un curé qui ne parle pas notre langue.

1833. — Depuis 1792, l'église n'avait plus qu'une cloche, trop faible pour se faire entendre dans l'étendue de la paroisse. La commune et la Fabrique votent, chacune par moitié, la dépense d'une seconde cloche de six cents kilos.

1834. — Le 23 mai de cette année, il y eut une gelée épouvantable, qui détruisit tous les bourgeons des vignes. Mais, à la faveur d'une température exceptionnelle, une

prodigieuse reprise de la végétation se produisit. Une
multitude de contre-bourgeons apparurent sur les sar-
ments ; ils grossirent avec une rapidité extraordinaire,
devinrent grappes et mûrirent. Au mois de septembre
l'on vendangeait et la récolte était si abondante que les
récipients pour contenir le vin furent absolument insuffisants. Il était, d'ailleurs, d'une qualité supérieure et ne se
vendit guère qu'une dizaine de francs la pièce de 230 litres.

1842. — Une circulaire du Préfet invite le Conseil
municipal à délibérer sur un projet de chemin de fer qui
doit traverser le département, et à indiquer les fonds que
la commune se propose de voter. Le Conseil, considérant
que les gares d'Andelot et de Gray, relatées dans la circulaire, ne peuvent, vu leur éloignement, être utiles au
pays, que, du reste, la commune n'a point de ressources
disponibles, ne promet aucun subside.

1843. — Mort de M. Grossetête, maire. Ce magistrat
intègre et désintéressé, qui a gouverné la commune pendant treize années consécutives, a mérité la réputation
d'un administrateur intelligent, actif et dévoué. — Pioche-
Drouot le remplace, la même année, dans cette fonction.

1844-1850. — Six ans durant, la commune est écrasée
sous les contributions qu'on lui impose, dans la construction du chemin de grande communication, n° 4, de Dam-
martin à Bettoncourt (Haute-Saône), passant par Varennes, Bize, Aurosey, Laferté, Pisseloup, actuellement
classé de Hortes à Bettoncourt. Malgré ses réclamations
réitérées, elle dut fournir, annuellement, une moyenne de
550 fr.; au total : 3,311 fr. 85.

En même temps, l'établissement du chemin de grande
communication, de Fays-Billot à Jussey, par Ouge (Haute-
Saône), présentement, n° 38, d'Ouge à Fouvent, exige
d'elle une dépense d'environ 600 francs, pendant trois ans.

C'est aussi vers cette époque que fut achevé le chemin
si utile de Pierrefaite à La Quarte.

On voulait encore faire participer la commune à la ligne
n° 7, de Bize à Fays-Billot, mais elle s'y refusa si énergi-
quement qu'on la laissa tranquille.

1850. — Sur la demande du Conseil municipal, la commune est, désormais, desservie par le bureau de poste
établi à Laferté.

1848-1852. — Chassés-croisés de maires et d'adjoints où figurent successivement les noms de Pioche Augustin, Bronoël, Amédée de Beaujeu, Bronoël, maires ; Bronoël, Liégey-Aubert, Vallory, Mille-Courtejoie, adjoints. Nous avons entendu crier avec le même enthousiasme : « Vive la République ! en 1848, et : « Vive l'Empereur ! » en 1852. Ces palinodies périodiques en France, depuis 1789, n'étonnent plus personne.

1853. — Nomination, à Laferté, d'un commissaire chargé de la police du canton. Cette sinécure, qui n'a que trop longtemps duré, coûta soixante, puis quatre-vingts francs, par an, à la commune.

1854. — Le choléra fait de nombreuses victimes dans quelques-uns des villages voisins. La panique est grande partout. On n'eut, à Pierrefaite, à déplorer que deux décès causés par le fléau.

Une circulaire du Préfet invite le Conseil municipal à délibérer sur la translation du cimetière, par mesure d'hygiène, dans un terrain au-delà des habitations. Le Conseil répond que le cimetière, situé autour de l'église, étant vaste et ne présentant aucune cause d'insalubrité, il n'y a pas lieu de le transférer.

1855. — Installation de Jeannot-Poirson, nommé maire de la commune par le Préfet, et pris en dehors du Conseil municipal. Jobert-Roberty, adjoint.

1856. — Mort, à Neuve-Lyre (Eure), de Claude Mulson, officier de gendarmerie en retraite, né à Pierrefaite, en 1776.

Pendant la campagne d'Espagne, Claude Mulson, maréchal-des-logis de gendarmerie à cheval, se distingua par son courage et son intrépidité, dans les circonstances suivantes, en particulier :

Le 11 juillet 1813, il est chargé d'aller en reconnaissance, à deux lieues de Bucalaros, avec quinze gendarmes à cheval, qu'accompagnait un détachement de cinquante gendarmes à pied, aussi commandé par un maréchal-des-logis. Soudain, cinq cents cavaliers espagnols tombent sur eux. Les gendarmes à cheval soutiennent vigoureusement le choc ; mais, pressée par le nombre, l'infanterie se met en déroute. Mulson accourt, rallie les fuyards, prend le commandement de toute la troupe, l'exhorte à se conduire bravement, arrête les charges de l'ennemi, en lui faisant subir des pertes sensibles, et rentre dans la place en bon ordre.

Le 13, deux mille hommes tiennent bloqués une centaine de Français, en leur fortin de Bucalaros. Posté dans une tourelle avec vingt-cinq gendarmes, Mulson grimpe seul sur le toit et, malgré les balles qui tombent comme grêle autour de lui, il n'en descend qu'après avoir brûlé toutes ses cartouches et vu l'ennemi se retirer précipitamment à l'approche de deux compagnies de chasseurs à cheval, envoyées au secours des assiégés.—Le même jour, à 9 heures et demie du soir, sur l'ordre qu'il en reçoit, il prend avec lui vingt hommes des chevau-légers, traverse heureusement les lignes ennemies et ramène, le lendemain, saines et sauves, les garnisons de Pina, de Foentès et de Belhoité que, dans la précipitation de la retraite, lors de l'évacuation de Saragosse, on avait oublié de retirer (1).

En 1821, le maréchal Suchet, duc d'Albuféra, recommanda avec instances Claude Mulson au ministre de la guerre pour la croix de la Légion d'honneur, comme récompense de sa belle conduite à l'armée d'Aragon.

1858. — Le chemin de fer de Paris à Bâle, commencé en 1855, est ouvert à la circulation, le 22 février 1858, avec station à Laferté, dite *Laferté-Bourbonne*, à cause de la correspondance avec cette dernière ville ; cette correspondance a cessé depuis la création de la ligne de Vitrey à Bourbonne-les-Bains.

1860. — Le 8 février la commune entre en jouissance d'un legs de 1,200 francs que lui a fait Marie Caublot, décédée le 18 septembre 1856. Suivant les intentions de la donatrice, la rente de cette somme placée sur l'Etat doit être, chaque année, employée au soulagement des nécessiteux de Pierrefaite.

Ouverture, au mois de novembre, d'un pensionnat pri-

(1) Extrait du rapport du lieutenant de gendarmerie Xavier Martin, sur les actions d'éclat de Claude Mulson, certifié exact par le duc d'Albuféra, commandant en chef de l'armée d'Aragon.

maire supérieur de jeunes gens, devenu, quatre ans plus tard, collège libre secondaire. Les directeurs en ont eu, seuls, toutes les responsabilités. Les autorités civiles se sont constamment montrées, à leur égard, d'une parfaite courtoisie et d'une bienveillante impartialité (1).

1864. — Mort de M. Jeannot, maire. Pioche-Drouot, son successeur, meurt, lui-même, l'année suivante et, durant cinq ans, la commune est représentée par Collin-Nicolas, adjoint depuis 1861.

De 1848 à 1866, les seules entreprises sérieuses de la commune ont été : la construction du chemin de la prairie et l'établissement, en 1857, d'une fontaine et d'un lavoir publics, au centre du village. L'idée était excellente, mais l'exécution en fut si défectueuse, que l'eau cessa bientôt de couler.

En 1858, travail inutilement effectué déjà en 1793, le bornage des terres communales. Les propriétaires voisins se firent un jeu de culbuter la plupart des bornes plantées sans leur participation.

En 1861, le Conseil avait résolu, sous l'inspiration du maire, de vendre la meilleure partie des communaux et de placer le produit de cette vente en rentes sur l'État. Déjà le projet avait reçu l'approbation du Préfet, mais, en présence de la protestation des habitants, on n'osa pas aller plus loin.

Et, pendant ce temps, les bâtiments de la commune étaient laissés dans un tel état de délabrement, que l'instituteur se vit obligé de chercher un logement dans le village, sans que l'on s'occupât de le forcer à réintégrer la maison d'école, en y faisant les réparations urgentes qu'elle réclamait. Les administrateurs mieux avisés, qui, dans la suite, sans se lancer dans les dépenses d'un palais, ont restauré et agrandi de deux nouvelles pièces l'habitation du maître, n'ont fait que leur devoir.

1867. Mort de J.-B. Jobert, capitaine en retraite. —

(1) L'Établissement de Pierrefaite a eu une existence de trente années. Le nombre de ses élèves a été de quatre-vingt-seize et de cent cinq aux deux époques de sa plus grande prospérité, avant et après la guerre de 1870. Il a été volontairement fermé en 1891.

Nicolas Jobert, recteur d'école à Pressigny, avait eu de
son épouse, Jeanne-Louise-Amédée Mulson, trois fils :
Nicolas, François, Jean-Baptiste. Successivement engagés
volontaires au 21ᵉ de ligne, les trois frères prirent part,
avec le régiment, aux guerres du premier Empire et obtinrent le grade de capitaine. Jean-Baptiste, le plus jeune,
capitaine de voltigeurs au 21ᵉ, chevalier de la Légion
d'honneur, membre de l'Ordre royal du Lys, est le seul
dont nous nous occuperons. Il naquit en 1781 et mourut le
18 novembre 1867, à Pierrefaite, où il habitait, depuis
qu'il s'était marié, le 16 décembre 1814, avec Claudette
Roberty.

En 1808, Jobert est sergent-major. Pendant la campagne de 1809, il fut blessé, le 3 juin, dans l'affaire devant
Presbourg, où les braves du 12ᵉ et du 21ᵉ se distinguèrent,
en s'élançant, sous un feu meurtrier, pour franchir un
bras du Danube et forcer les retranchements de l'ennemi.
Sa belle conduite dans ce combat lui valut l'épaulette de
sous-lieutenant. Il ne tarda pas, alors, à accomplir une de
ces actions d'éclat qui tiennent du prodige, ainsi rapportée
dans les *Fastes de la Gloire:*

« Le 29 juin, il pénètre, avec trente voltigeurs, dans
l'île d'Abern, défendue par 1800 hommes du régiment de
Saint-Julien, ayant avec eux deux pièces de canon. Après
avoir surpris et désarmé une sentinelle, qui lui fit connaître la position de l'ennemi, Jobert place la moitié de
son monde en tirailleurs, se dirige, avec les quinze autres
soldats, sur le point où devaient se trouver les deux pièces d'artillerie, les fait attaquer à la baïonnette, au moment
où elles allaient faire feu, s'en empare de vive force et fait
prisonniers un officier et quinze canonniers. Il détache
huit de ses hommes pour conduire ces pièces au régiment
et il leur indiquait la route à suivre, lorsqu'il aperçoit un
fort détachement d'Autrichiens. « Mes amis, courons sus,
s'écrie-t-il aussitôt, en s'élançant sur le colonel ennemi,
qu'il somme de se rendre et dont il saisit la monture du
sabre. Une lutte s'engage entre eux ; le colonel ordonne à
sa troupe de faire feu. « Ne tirez pas, riposte Jobert, votre
artillerie est en mon pouvoir et si, à l'instant, vous ne
déposez les armes, je vous fais mitrailler. » Le colonel

réitère son ordre ; on tire quelques coups de feu, mais
Jobert détourne la mort, en relevant le bout des canons
avec la pointe de son épée. Les Autrichiens tombent sur
lui à coups de baïonnette et de crosse de fusil. Déjà il a
reçu cinq blessures et va succomber, lorsque le caporal
Cussiot, témoin du danger que court son officier, couche
en joue le colonel ennemi et le renverse. La troupe rend
les armes. Deux capitaines et deux lieutenants, cent vingt
sous-officiers et soldats deviennent prisonniers de quinze
Français ! Jobert les fait conduire avec sa première prise
au régiment, par douze des compagnons de sa valeur.
Demeuré presque seul, il fait sonner le ralliement et,
après avoir réuni ses quinze tirailleurs, il reste en place,
attendant avec eux le renfort qu'il a fait demander. Le
lieutenant Constant, à la tête de cent cinquante voltigeurs,
arrive bientôt ; ils se mirent ensemble à la poursuite de
l'ennemi, lui firent encore quatre cent cinquante prisonniers et le chassèrent de l'île où ils s'établirent, jusqu'à
ce que le régiment en ait pris possession (1). » Ce hardi
coup de main valut à Jobert la croix de chevalier de la
Légion d'honneur.

Le 7 septembre 1812, devenu capitaine, Jobert assiste à
la bataille de la Moskowa. Les pertes des Français, dans
cette sanglante journée, ne s'élevèrent pas à moins de
30,000 hommes. Le 21e eut, pour sa part, un grand nombre d'officiers tués ou mis hors de combat. Jobert était
parmi ces derniers.

En 1813, il se trouve à Anvers, dont la défense avait
été confiée à Carnot. La place se rendit le 28 avril 1814, et
la garnison en sortit avec armes et bagages. La carrière
militaire de Jobert était finie. Napoléon venait d'abdiquer
et de partir pour l'île d'Elbe.

Pendant les Cent Jours, le capitaine Jobert se rendit à
Langres et travailla à l'organisation de la défense de cette

(1) Ce récit est en tout conforme à celui que nous avons entendu,
nous-même, de la bouche de M. Jobert, homme modeste et d'une
grande probité. L'histoire du 21e de ligne ne nous paraît pas avoir
fait à notre héros toute la part qui lui revient. Les rapports officiels,
d'après lesquels elle a été écrite, laisseraient donc, parfois, place au
sic vos, non vobis du poète.

place ; mais, après le désastre de Waterloo (18 juin 1815), l'armée des vétérans volontaires ayant été immédiatement licenciée, il revint dans ses foyers.

Guerre de 1870. — Au mois de juillet, la guerre éclate entre la France et la Prusse, celle-ci entraînant avec elle toute l'Allemagne. Nous n'étions pas suffisamment préparés et nous fûmes écrasés sous le nombre. Après la capitulation de Sedan, l'Empire est renversé et remplacé par le gouvernement dit de la *Défense nationale* (4 septembre).

A la suite de nos premiers revers, l'ennemi avait envahi nos contrées de l'Est. Le 18 octobre, on apprend qu'une colonne prussienne, forte de quatre mille hommes avec du canon se dirige sur nous, venant par Jussey et Vitrey. Une douzaine de gardes nationaux de Pierrefaite ont la témérité d'aller attendre son passage aux *Vallots* et au *Pont-la-Reine*. Quelques francs-tireurs, embusqués dans le bois de La Quarte, envoient des coups de fusil à l'avant-garde, à sa sortie d'Ouge. Toute la troupe accourt. L'infanterie se jette dans la plaine et dirige une vive fusillade sur les bosquets de la *Gorge-aux-Loups ;* la cavalerie se lance de tous les côtés. Un inoffensif père de famille, Alexandre Chamoin, se hâtait de rentrer à sa ferme. Eperdu au milieu des balles, il se blottit sous un buisson où il est découvert et tué presque à bout portant (1). Le garde national Huin, son fusil à la main, s'enfuyait à toutes jambes vers Pierrefaite ; les uhlans l'atteignent, le renversent à coups de plat de sabre, l'attachent à la queue d'un cheval et l'amènent au village où arrive bientôt le gros de l'armée. Un autre garde national, J.-B. Pierrot, est aussi fait prisonnier.

Les ennemis pensaient opérer bonne capture au Pensionnat. Ils s'y précipitent et y saisissent, après une minutieuse et brutale perquisition.... deux tambours crevés, une poire à poudre vide et un képi. Les directeurs eurent l'honneur d'être chapitrés de la belle façon, en français

(1) Chamoin laissait trois enfants en bas-âge : sa veuve reçut un secours de l'Etat.

tudesque, par le chef de la troupe, qui leur lança cette menace finale : « Je vous en souviendrai ! »

A leur entrée dans le village, les Prussiens ne parlaient rien moins que de le brûler ; mais, n'y ayant découvert aucun prétexte à leur vengeance, ils se contentèrent de terroriser les habitants par leur attitude. Sur le soir, ils se retirèrent et allèrent passer à Fays-Billot une nuit tranquille, que la place de Langres se garda bien de troubler. Le lendemain, satisfaite d'avoir poussé cette pointe sans coup férir, la colonne rebroussa chemin par Combeaufontaine, avec une demi-douzaine de prisonniers qui furent retenus en Allemagne jusqu'après la conclusion de la paix.

1886. Mort du commandant Brayer. — Louis-Jacques-Marie Brayer, né à Fays-Billot, le 22 août 1816, entra comme enfant de troupe au 19⁰ de ligne, le 1ᵉʳ août 1831, et y contracta son engagement volontaire, le 22 août 1833, à l'âge de 17 ans. Il devint sous-lieutenant à 26 ans, lieutenant à 32, capitaine à 36. Fait chevalier de la Légion d'honneur, le 25 juin 1855, pour sa brillante conduite en Crimée, le capitaine Brayer était nommé officier supérieur au choix, à 48 ans, et quatre ans après, ses excellents services lui valaient d'être promu officier de la Légion d'honneur.

Il prit part aux campagnes de France, 1851 ; d'Orient, 1854-1856 ; d'Italie, 1859 ; de Rome, 1860-1864. Il fut décoré de l'Ordre pontifical de Pie IX ; de la médaille militaire de la reine d'Angleterre et de la médaille commémorative de la campagne d'Italie.

M. Brayer avait épousé, en 1856, Mlle Antoinette Grossetête, de Pierrefaite, où il prit sa retraite, en 1869. Il fut maire de la commune de 1881 à 1882 et décéda le 9 octobre 1886.

1870-1897. — La commune employa les premières années qui suivirent la guerre de 1870 à liquider les dettes antérieures et à solder les dépenses occasionnées par les réquisitions. Les administrateurs qui vinrent ensuite se contentèrent d'équilibrer le budget. Depuis 1884, plusieurs travaux utiles ont été exécutés, citons : les réparations à la fontaine du centre du village et à la maison

JOBERT, SOUS-LIEUTENANT D'INFANTERIE DE LIGNE

« Mes amis, courons sus, » s'écrie-t-il aussitôt, en s'élançant sur le colonel ennemi, qu'il somme de se rendre
et dont il saisit la monture du sabre..... (page 141).

d'école; dépenses, environ 4,000 francs ; la construction du pont du *Charme,* dont le devis s'élevait à 4,200 francs ; l'achèvement du chemin de Pierrefaite à Charmoy, pour lequel la commune emprunta 8,000 francs à la caisse des chemins vicinaux et obtint une subvention d'égale somme. Ce chemin a deux précieux avantages. Il rend plus directs les rapports avec la Haute-Amance et le Bassigny ; il facilite surtout l'exploitation de cent cinquante hectares de terre arable, composant le climat du *Bois-des-Côtes.* Les transports pour atteindre cette contrée étaient si pénibles, que l'on renonçait souvent à y conduire les engrais.

1892. — Mort de Juste Henry, capitaine au 109e de ligne, chevalier de la Légion d'honneur, engagé volontaire. Cet ancien élève de l'Établissement de Pierrefaite avait épousé demoiselle Marie Pioche, de notre localité.

De 1882 à 1884, l'adjoint François Mathieu, ancien instituteur, remplit les fonctions de maire. Paul Mulson a été maire de la commune de 1884 à 1895, année où il meurt. Successeur, Bronoël.

CHAPITRE VIII

1. *Les actes de naissances, de mariages et de sépultures,
avant 1792. — 2. Mouvement de la population. —
3. Comparaison entre la statistique agricole de 1790
et celle de 1852. — 4. Description du territoire : terrains géologiques dont il est composé ; dénominations
des climats de terre, en 1793. Topographie du village ; croix établies dans son intérieur et sur le
finage.*

§ 1er. — Les Registres des Actes religieux et civils
jusqu'à 1792

1. Les actes de naissances, de mariages et de sépultures
étaient tenus, avant la Révolution, par le curé ou le
vicaire, dans chaque paroisse et succursale, sous la surveillance des Évêques, avec une telle exactitude, que
l'état-civil de chaque citoyen, a pu dire Mgr de Ségur,
était réglé d'une manière beaucoup plus simple et aussi
sûre que maintenant.

Dès le xvie siècle, l'Église avait ordonné aux prêtres
ayant charge d'âmes d'inscrire sur un registre spécial
les noms des personnes baptisées, mariées ou décédées, et
d'en envoyer une copie à l'Évêché. Les archidiacres, dans
leurs visites des églises, devaient se faire présenter ce
registre et s'assurer de sa tenue régulière.

Afin d'appuyer ces utiles prescriptions, l'autorité civile
en fit une obligation légale. Une première ordonnance du
mois d'août 1539 recommande d'indiquer le jour et l'heure
de la naissance des enfants. Les actes, signés par le curé
et par un notaire, seront déposés au siège du bailli ou
sénéchal royal, pour y être fidèlement gardés et consultés
au besoin.

On voit qu'il n'est ici question que des actes de baptême ; mais l'ordonnance de 1578, dite *de Blois,* comprend
aussi les mariages et les sépultures, et elle menace

d'amende et de poursuites les curés et les vicaires négligents. En outre, une déclaration de Louis XIV, du mois d'avril 1667, ordonne, art. 7, titre XX, qu'il sera fait, chaque année, deux registres des baptêmes, mariages et sépultures, dont l'un servira de minute et l'autre sera porté au greffe royal.

Le décret de 1706 fait mieux encore. Il exige que, dans tous les cas, pour établir la date de la naissance, du mariage ou du décès d'une personne, il soit produit, à l'avenir, un extrait de l'acte, et il rejette la preuve testimoniale, jusque-là admise.

Enfin, un acte du 3 avril 1746, daté de Versailles, vint compléter les dispositions précédentes. Désormais, les registres seront authentiques, remplis sans aucun blanc, signés par premier et dernier feuillet et paraphés par un magistrat. Les actes de baptême seront signés par le célébrant, le père de l'enfant, le parrain et la marraine ; les actes de mariage, par le célébrant et quatre témoins ; les sépultures constatées par les deux plus proches parents ou par les voisins du défunt, à défaut des premiers. Il sera fait mention, dans tous les actes, des personnes qui ne pourront signer.

Ajoutons qu'un édit du mois d'octobre 1691 avait créé des offices de greffiers, gardes et conservateurs des registres de baptêmes, de mariages et de sépultures. Ces officiers ministériels exerçaient leurs droits suivant le tarif qui leur avait été attribué en Conseil du 2 octobre de la même année. Mais, par arrêt du 12 mars 1697, Mgr l'Évêque et le Syndic de Langres, de concert avec les députés du clergé du diocèse, obtinrent, sur requête présentée au Roi, la faculté de racheter ces offices des acquéreurs, moyennant la somme de trente mille cent quinze livres, quatre sols ; de jouir des droits afférents à ces offices et d'imposer, en remboursement de cette acquisition, toutes les Fabriques des paroisses, secours et autres églises du diocèse, où se faisaient les fonctions curiales (1).

(1) Ces notions sont extraites d'un travail de M. Chopitel sur la matière et des *Recherches historiques et statistiques sur les communes de la Haute-Marne*, par M. Fayet, ancien recteur.

2. Les registres de la paroisse de Pierrefaite remontent à l'année 1613. Le premier est intitulé : « Mémoire des enfants baptisés, depuis la mort de Messire Debelmanière, jadis curé du lieu. » Il est rédigé en français, par Thomas, vicaire, et il s'arrête à l'an 1636. Il faut croire que M. Thomas l'emporta avec lui dans sa fuite devant l'ennemi et que les autres registres périrent dans l'incendie du village. Vient ensuite une lacune de quinze ans, le pays étant inhabité.

Claude Clair, vicaire de 1651 à 1653, nous a laissé un registre en latin de ses deux années de ministère et, après une nouvelle lacune de dix ans, on ne trouve plus d'interruption dans les registres qui, tous, sont en français.

Bidault, vicaire, 1663-1664, ne nous donne encore, comme les précédents, que des actes de baptême, où sont mentionnés les nom et prénoms de l'enfant, l'année, le quantième du mois et l'heure de la cérémonie, sans autre indication.

MM. Dormoy et Matheret, curés-doyens l'un et l'autre, 1664-1708, ont fourni des registres qui comprennent tous les actes, avec les noms, qualité, profession, demeure des parents, des témoins, des parrains et des marraines. On n'y rencontre que quelques rares oublis.

Sous M. Robert et, en particulier, sous M. Chopitel, les actes sont d'une rédaction, d'une correction et d'une régularité parfaites. L'histoire locale y puise de précieux renseignements.

M. Chopitel s'occupa aussi de mettre en ordre les registres antérieurs à son administration et il dressa une table générale de tous les actes. Il se proposait même de faire une copie de ceux qui étaient lacérés ou gâtés par l'humidité, mais l'autorité civile, qu'il consulta sur la valeur de cette copie devant la loi, ne lui ayant pas donné une réponse satisfaisante, il abandonna son projet.

Le 2 décembre 1792, en vertu d'un décret de la Convention, on transporta au greffe de la municipalité tous les registres de la paroisse, et M. Lemoine fut nommé officier public, chargé de constater les naissances, les mariages et les décès dans la commune.

Dès lors, les actes rédigés par les curés n'eurent plus de valeur qu'au point de vue religieux.

§ 2. — MOUVEMENT DE LA POPULATION

La déclaration et reconnaissance générale fournie à François de Choiseul, le 27 août 1575, nous apprend que les *manants* étaient, à cette date, de 27 familles sous la seigneurie de Ray et de 43 sous celle de Vergy ; ce qui représente une population approximative de 280 habitants.

En 1772, il y a, sous la direction de Ray, 43 feux, et 78 sous celle de Vergy, soit, environ, 430 âmes.

Le premier dénombrement remonte à l'assemblée municipale de 1787. On ne trouve plus que 117 feux, au lieu de 121, en 1772, et 428 habitants, ainsi répartis : hommes mariés ou veufs, 118 ; femmes, 113 ; garçons et filles au-dessus de sept ans, 150; enfants au-dessous de sept ans, 47.

En 1801, il y a, dans la commune, 560 habitants et 585, en 1804, avec 143 feux.

Le recensement de 1831 a présenté 172 garçons, 167 filles, 117 hommes mariés, 117 femmes, 18 veufs, 26 veuves, 13 militaires ; total : 630.

La population a atteint son maximum et elle a doublé, comme dans toute la France, en une période de 250 ans. Mais, avec les années de recensement qui suivent, nous assistons à une décroissance rapide : 1836 a donné 618 habitants ; 1866, 546 ; 1876, 496 ; 1886, 500 ; 1891, 478 ; 1896, 426 ; perte : 205 habitants, en un espace de 65 ans.

Au sujet de ce dernier recensement, le rapport officiel constatait que la dépopulation de la France s'exerce principalement sur les communes rurales. Le paysan quitte les champs pour l'usine ; la charrue pour n'importe quel outil ou quel emploi au moyen duquel il espère gagner plus largement sa vie,

Conséquence fatale de la crise agricole qui a avili la valeur de la terre et rendu trop lourd le prix des fermages. Conséquence des soi-disant progrès, mais plutôt, des exigences de la vie moderne, faite de luxe et d'égoïsme.

Conséquence de l'instruction mal dirigée, du service obligatoire, inculquant à l'ouvrier des champs des désirs et des habitudes qui lui font trouver trop dur le labeur de ses ancêtres. Conséquence, enfin, de l'oubli dans lequel les pouvoirs publics ont laissé et laissent encore le cultivateur.

La première ressource du pays, le plus indépendant des états, l'agriculture est délaissée. Les bras font défaut de plus en plus, alors qu'ils se tendent, désespérés, vers un tas d'industries et de carrières qui en ont trop.

Tableau quinquennal des baptèmes, des mariages et des sépultures, de 1613 à 1808

ANNÉES	BAPTÈMES	MARIAGES	SÉPUPTURES
1613-1617	57	»	»
1618-1622	66	»	»
1623-1627	60	»	»
1628-1632	63	»	»
1633-1651	65	»	»
1652-1667	73	»	»
1668-1672	75	10	56
1673-1677	66	17	55
1678-1682	97	16	57
1683-1687	138	27	86
1688-1692	121	21	70
1693-1697	90	10	23
1698-1702	79	21	19
1703-1707	138	26	18
1708-1712	113	37	84
1713-1717	137	22	32
1718-1722	160	20	62
1723-1727	152	37	72
1728-1732	143	25	84
1733-1737	131	34	96
1738-1742	127	34	101
1743-1747	133	36	91
1748-1752	136	17	152
1753-1757	115	30	75
1758-1762	116	13	82
1763-1767	114	27	84
1768-1772	120	16	117
1773-1777	98	16	67
1778-1782	103	18	114
1783-1787	103	32	88
1788-1792	85	13	71
1793-1797	82	36	95
1798-1802	98	17	76
1803-1807	96	16	80

§ 3. — Statistique Agricole

Le 17 septembre 1790, le maire et les officiers municipaux faisaient, en présence de Félix Nicolle, administrateur du district de Bourbonne, cette déclaration :

« Le finage de Pierrefaite contient environ 2,500 journaux de terre arable ; 150 fauchées de pré, 300 ouvrées de
vigne, non compris les nouvelles plantations.

« Les terres peuvent produire, année commune, 420
émines de blé, 150 de seigle, 89 de méteil, 64 d'orge, 230
d'avoine, 40 de pois, 3 de pommes de terre. Les prés donnent 212 mille de foin, 50 de regain ; les vignes, 50 à 60
pièces de vin.

« Le tout est estimé suivant la mesure de Langres, la
seule usitée dans le pays. »

Les opérations cadastrales, commencées en 1840, ont
déterminé la superficie du territoire, qui est de mille trois
cent quarante-huit hectares deux ares soixante centiares.
C'est, après celui de Voisey, le plus vaste finage du canton de Laferté. Le malheur est que, sur une telle étendue,
nous n'ayons à peine que cent hectares de bois de toute
espèce, quand nous devrions en posséder trois cents de
bonne essence. La commune en serait plus riche et la
culture n'aurait qu'à y gagner.

La statistique de 1852, qui nous a paru être la plus complète et la plus sérieusement établie, a présenté les résultats suivants que nous résumons sous quatre chefs :
1º Rapport des terres et des bois : récapitulation des
contenances. 2º Nombre et valeur des animaux domestiques. 3º Instruments aratoires, animaux de culture ;
engrais d'étable. 4º Terres et revenus de la commune.

I. Rapport des Terres et des Bois ; Récapitulation des contenances

1º Rapport des terres

RÉCOLTES	HECTARES CULTIVÉS	PRODUIT EN 1852	ANNÉE ORDINAIRE	VRAIS PAR HECTARE
Froment	325	3421 hectol. 50 lit.	4225 hectol.	66 francs
Méteil	10	90 hect.	90 »	66 »
Seigle	30	300 »	300 »	66 »
Orge	6	72 »	60 »	50 »
Avoine	290	4350 »	4350 »	44 »
Pommes de terre	20	900 quint.	1800 »	216 »
Racines, légumes	4 hect. 47 a.	4000 quint.	4000 quint.	400 »
Légumes secs	7	84 hect.	100 hectol.	60 »
Graines oléagineuses	12	72 »	144 »	24 »
Chanvre	10	120 »	120 »	346 »
Jardins, vergers, etc.	46 hect. 17 a. 74 c.	5700 francs	5700 francs	2600 fr., le tout
Fourrages	95 hect. 78 a. 42 c.	5147 quint.	6000 quint.	40 francs
Prairies artificielles	84	3360 »	3360 »	32 »
Pâturages	22	880 »	880 »	»
Regains et autres	»			
Herbes	231	1730 francs	1730 francs	11,550 fr., le tout
Jachères				
Vignes	24 hect. 84 a. 35 c.	248 hectol. 43 lit.	621 hectol.	248 francs

2º Rapport des bois

1º *Taillis sous futaie.* — 1º A la commune : 20 hectares 32 ares 26 centiares.

2° Aux particuliers : 49 hectares 43 ares 31 centiares.

2° *Taillis simple.* — Aux particuliers : 25 hectares 89 ares 64 centiares.

3° *Valeur, par année, du bois à brûler.* — 2,754 francs.

4° *Valeur du bois d'œuvre.* — 1,320 francs.

3° Récapitulation des contenances

DÉSIGNATION DES TERRES	HECTARES	ARES	CENTIARES
1. Terres labourables	1038	59	61
2. Prairies naturelles..........	95	78	42
3. Vignes	24	84	35
4. Forêts.....................	69	75	55
5. Plantations............... ...	25	89	64
6. Etangs, biez...............	»	69	83
7. Pâturages.................	43	19	49
8. Landes, bruyères, etc.......	13	64	70
9. Routes, cours d'eau, chemins, superficie des propriétés bâties	35	61	»
Superficie totale. ...	1343	02	60

II. Animaux domestiques ; leur Produit ; leur Valeur

1° Animaux domestiques

1. Chevaux, 180. — 2. Bêtes à cornes, 448. — 3. Veaux nés dans l'année, 180, dont 120 destinés à la boucherie ; race dominante, fémeline pure. — 4. Bêtes à laine, 320 ; 180 agneaux, nés dans l'année. — 5. Porcs, 185. — — 6. Chiens, 61.

2° Produit et valeur des animaux domestiques

1. Prix des chevaux, à raison de 150 francs l'un : 26,400 francs. — 2. Prix des bêtes à cornes : 43,500 francs ; — 3. des bêtes à laine, 3,220 francs ; — 4. des porcs, 9,750 francs ; — 5. des volailles, 1,500 francs. — Produit des

volailles, 2,000 francs. — Prix de 15 ruches d'abeilles : 300 francs.

III. Instruments aratoires ; Animaux de culture ; Engrais

1. Nombre des charrues à avant-train, 66. — 2. Nombre de chariots à quatre roues, 70 ; — 3. à deux roues, 10. — 4. Nombre des machines à battre, 11. — 5. Chevaux employés à la culture, 120. — 6. Bœufs de travail, 90. — 7. Engrais d'étable acheté, 150 quintaux, dont la valeur est de 75 francs. — 8. Engrais d'étable employé par hectare, 200 quintaux.

IV. Terres et Revenus de la Commune

1. Bois, 20 hectares 32 ares 26 centiares. — 2. Terres arables, 15 hectares 52 ares. — 3. Prés à faucher, 80 ares 59 centiares. — 4. Pâturages, 19 hectares 47 ares. — 5. Autres terrains non bâtis, 4 hectares 6 ares. — Terres stériles, 14 hectares, 6 ares. — Total des terres de la commune : 74 hectares 23 ares 85 centiares.

Total des revenus de la commune : 1803 francs.

On se rend compte de l'énorme différence qui existe, par comparaison, entre la chétive déclaration de 1790 et la statistique que nous venons d'analyser. Déjà l'agriculture a fait d'immenses progrès, que le temps a continués. Autrefois, on ne nourrissait qu'une très petite quantité de bestiaux, et c'est en vain que l'on aurait attendu d'un sol épuisé une luxuriante moisson. On a enfin compris que le pâturage est inséparable du labourage. Au milieu de la crise agricole que nous subissons, l'élevage est encore une des meilleures ressources du cultivateur. En abandonnant aussi une routine funeste et ruineuse, pour s'appliquer à des méthodes rationnelles et à des procédés logiques, l'agriculture a fait surgir de la terre des récoltes que nos pères ne soupçonnaient même pas pouvoir être tirées de son sein ; et, si elle recevait de l'État la protection, les encouragements et les dégrèvements auxquels elle a droit, elle redeviendrait bientôt, ce qu'elle doit être, le premier et le plus sûr placement de fonds, comme elle est la plus solide base de la richesse de la France.

Vers la fin du siècle dernier et jusqu'au premier tiers du nôtre, on s'était engoué de la culture de la vigne, que l'on planta un peu partout sur nos côteaux et jusque dans la plaine. De trois cents ouvrées que l'on comptait en 1790, on était arrivé à près de mille, réparties en vingt climats. Mais nos vallons, dirigés du nord au sud et ne présentant qu'une partie du jour leurs flancs aux rayons du soleil, sont froids et sujets aux gelées printanières. La vendange était souvent nulle ou médiocre et le vin, généralement, de mauvaise qualité. A la fin, on s'est lassé de se donner des peines inutiles et, le défaut de bras, les maladies de la vigne s'y ajoutant, la plupart des cantons ont été abandonnés à la friche ou couverts de bois.

§ 4. — DESCRIPTION DU TERRITOIRE. — TERRAINS GÉOLOGIQUES DONT IL EST FORMÉ. — DÉNOMINATIONS DES CANTONS DE TERRE. — TOPOGRAPHIE DU VILLAGE ; SES RUES. — CROIX ÉTABLIES A PIERREFAITE ET SUR SON FINAGE.

I. *Description du territoire.* — A sa sortie de Fays-Billot, la route nationale de Langres à Bâle, tracée sur l'ancienne voie romaine, s'avance, l'espace de cinq à six kilomètres, sur une ligne de faite, dont les cours d'eau, allant d'abord dans des directions opposées, deviennent tous, après des détours plus ou moins longs, tributaires de la Saône. Au midi, sont les bassins du Vannon et du Saulon ; au nord, la plaine, sillonnée de nombreux vallons et de ravins étroits et profonds, incline vers la vallée de l'Amance. C'est entre la rivière de ce nom et la route nationale que s'étend le finage de Pierrefaite. Il se compose de deux parties. L'une, où est bâti le village et que traverse dans sa longueur la route de Nancy à Gray, a l'aspect d'une presqu'île, comprise entre le vallon d'Ouge à l'est et celui de Pierrefaite à l'ouest, avec Montesson à son extrémité, comme sur un promontoire. L'autre partie, au-delà du vallon de Pierrefaite, et à laquelle on donne le nom général de *Côtes*, est un plateau élevé et découvert, confinant aux terres de Charmoy et de Fays.

En prenant naissance sur le finage de Broncourt, les vallons d'Ouge et de Pierrefaíte ne sont séparés que par un léger pli de terrain ; ils vont ensuite en s'écartant et débouchent dans la vallée de l'Amance.

Le ruisseau des *Bruyères* ou du *Vau* au vallon d'Ouge, limite, dans son cours, la Haute-Saône et la Haute-Marne. Il commence à la fontaine *Saint-Vaudin* des Vallots et reçoit à gauche, des terres de Pierrefaite, le ruisseau des *Serqueux*, les sources *La Bique* et *Crance*. On voit, de ce côté, dans la plaine, la ferme du *Chânois ;* sur la colline, les fermes : *Moullières, Rièpe, Chauffourt*. Ces fermes ont été construites sur des bois que les seigneurs firent arracher ; la plus ancienne ne remonte pas au-delà de la dernière moitié du xviie siècle.

Le vallon de Pierrefaite s'ouvre brusquement au passage de la route départementale, lieu dit *Pont-du-bois-la-Reine*. Son ruisseau descend le bois en une pente rapide, se perd au bas de la ferme *Vaumartel* et rejaillit, à douze cents mètres plus loin, sous le nom de fontaine du *Charme*. Sur les versants de ce vallon, les eaux de la plaine ont creusé, dans un sol sans consistance, des ravins resserrés, précipices nommés *Gorgeaux*, au fond desquels apparaissent des sources, mises à jour par le violent travail des pluies torrentielles (1). Ce sont, à droite, le *Grand-Gorgeau*, qui descend du village ; le *Razot*, les *Varennes*, les *Pargues* (2) ou *Bois Renard*. A gauche : le *Rupt-Michel*, les *Côtes*, le *Recueillet*. Vient, ensuite, le ruisseau de *Menotte* ou *Minuit*, au vallon de Velars.

---

(1) Ces ravins se sont creusés surtout après le déboisement des plaines. Chaque ondulation du sol a formé le sien. On en suit les progrès ; d'anciens chemins de voiture ont été coupés par des précipices. Les plantations faites sur les flancs abruptes de ces ravins, en empêchant les terres de glisser, ont arrêté ces envahissements qui, depuis quelque temps, sont demeurés à peu près stationnaires. Il est probable que nos vallons secondaires sont dus à la même cause, avec la différence des siècles et d'un écoulement des eaux plus volumineux.

(2) *Pargue* (mot corrompu de *Parc, parcage*), et *Varennes* signifient : terrain sablonneux, inculte, destiné au pâturage.

On a compté jusqu'à dix-huit fermes dans cette partie de notre territoire, parmi lesquelles trois moulins, aujourd'hui détruits. On y trouve encore les fermes *Plantemont*, la *Reine, Vaumarlet,* les *Côtes* ou le *Roy,* les deux fermes de *Recullée,* la *Gîte,* la *Vendue, Rouge, Jobard, Droite-Côte, Penel*. Nous en avons fait connaître l'origine.

II. *Terrains géologiques.* — Les terrains géologiques qui composent notre finage sont, en allant de haut en bas, le calcaire à griffées, les grès de l'infra-lias et les marnes irrisées du terrain keuprique.

1. Le lias inférieur proprement dit ou calcaire à griffées, ainsi nommé à cause des griffées arquées qui s'y trouvent en abondance, recouvre normalement les grès de l'infra-lias, roche immédiatement au-dessous, mais il n'en est ainsi que pour une faible partie de notre finage. L'îlot principal que l'on y observe, allant du sud au nord, contourne les jardins du village à l'est. Sa longueur est d'environ deux kilomètres et demi et il ne dépasse pas quatre cents mètres dans son plus large renflement. On en extrait le calcaire bleu que l'on exploite particulièrement comme pierre de route. On le découvre parfois presque à fleur de terre, mais le plus souvent il se cache sous une épaisseur variable d'une terre argilo-calcaire, que sa couleur a fait appeler *Rouget.*

2. L'étage inférieur du terrain liasique, ou grès de l'infra-lias, occupe presque toute la surface de notre territoire. Sa puissance totale ne va pas au delà de 15 mètres. Les grès alternent à leur base avec des bancs d'argile, qui les relient au terrain keuprique. C'est de ces alternances que sortent les sources si nombreuses que l'on rencontre sur nos côteaux, et qui abreuvent nos fermes bâties à la hauteur de marnes irrisées. A leur partie moyenne, les grès alternent aussi avec de petits bancs de marne noire, schisteuse et sableuse. Les grès n'ont que 5 à 80 centimètres d'épaisseur à la partie inférieure, mais, à la partie supérieure, ils ont généralement plus de puissance, sont de meilleure qualité et recouverts d'une couche d'argile de couleur jaune ou rouge, compacte, tenace et très propre ainsi à retenir les eaux et à former ces réservoirs naturels

où l'on arrive en creusant de quelques mètres dans la terre ; c'est l'exception ; et, ordinairement, la source ne jaillit qu'après que l'on a percé les bancs de grès, pour parvenir aux alternances moyennes ou inférieures.

Il peut aussi se rencontrer, comme nous le voyons dans notre fontaine la Dhuis, que les eaux qui reposent, dans leurs réservoirs, sur les couches supérieures d'argile trouvent une issue dans la déclivité du sol et s'échappent sur le plateau même où elles sont renfermées ; mais ces sources, avant de sortir, coulant sous une faible couche de terre, sont susceptibles de recevoir par infiltration trop immédiate les eaux des pluies qui, en se chargeant de limon, les troublent fréquemment.

Les grès ne sont plus employés chez nous que comme pierre à bâtir. L'essai que l'on a fait de les utiliser à l'industrie meulière n'a pas été continué. Le village entier est construit avec ces matériaux, dont la qualité laisse souvent à désirer, et même, pour des travaux importants, tels que ceux de l'église, de l'école et de l'ancienne cure, on s'est contenté d'ouvrir, à proximité, des carrières qui n'ont donné que des moëllons suintant l'humidité.

3. Les marnes irrisées, si visibles sur les flancs de nos côteaux et de nos ravins, tirent leur nom des nuances variées qui les distinguent. Ces marnes s'étendent sous les couches précédentes qu'elles supportent. Le point de séparation entre les grès et les marnes, qui est constant, semblerait, à la simple inspection, n'être pas partout à la même hauteur. C'est que, à la suite des temps et des déboisements, les grès, que les gelées avaient désagrégés, entraînés par les pluies, ont glissé le long des collines et ont recouvert les marnes en partie, quelquefois même jusqu'au bas du vallon. Il en est résulté que des sources, dont le lieu de sortie devrait être à la base des grès, se sont creusé sous le sable un cours qui les amène à se montrer beaucoup plus bas.

Les marnes irrisées alternent à leur base avec de petits bancs calcaires et, à leur sommet, avec de petits bancs de grès. C'est de ces marnes que l'on tire les dolomies, sorte de marbre primitif, que l'on peut convertir en chaux par la calcination. Les noms de *Four-à-Chaux* et de *Chauf-*

fourt, donnés à deux de nos climats, indiquent que, dans ces endroits, le calcaire a été employé à cet usage (1).

Au lieu dit *Pont-de-la-Malade*, nous avions ouvert une superbe carrière. La roche, d'une texture compacte, d'un grain fin, de couleur jaunâtre, nous apparut en bloc d'une grande puissance. Nous en avons extrait des moëllons et des pierres de taille d'une qualité supérieure. La difficulté de l'exploitation et l'épaisseur du découvert ont malheureusement fait abandonner la carrière et l'on est retourné aux pierres de grès.

4. La terre végétale n'étant ordinairement qu'une dépendance de la roche sous-jacente, altérée et métamorphosée en un terrain plus ou moins fertile par les influences atmosphériques et une végétation première, il est facile de déterminer quelles sont, dans la plaine, les différentes terres arables; dans les vallons, on devra tenir compte des réserves que nous avons faites. A terre égale, la qualité dépendra des amendements, des engrais, des soins de culture : c'est élémentaire.

III. *Les cantons de terre et les fermes, en 1793.* — Sans entrer dans des explications qui nous mèneraient trop loin sur l'origine des noms donnés aux climats et aux fermes de notre territoire, disons, d'une manière générale, que ces dénominations viennent : des familles ou des particuliers qui les ont possédés, jadis, en tout ou en partie notable ; de la nature du sol ; de la configuration ou de la production naturelle des terres ; de l'essence dominante des bois qui ont occupé ces cantons ; de certains évènements arrivés ou des remarques faites en ces endroits.

M. Lemoine, à qui la Convention avait dispensé des loisirs dans sa cure, s'était offert à être gratuitement percepteur des contributions de la commune et, pour s'aider dans son travail, il dressa une matrice cadastrale de toutes les parcelles du finage, avec, en regard, le revenu de chacune d'elles et la cote d'impôt à payer. Le travail est com-

---

(1) Deux jeunes gens de Pierrefaite viennent de reprendre la fabrication de la chaux. Leur exploitation est située au fond du vallon, à côté du chemin de la prairie, lieu dit *Le Charme*.

plet. Nous en détachons les noms de nos climats à cette époque. Ils n'ont pas varié depuis, à part ceux que les familles ont pu y introduire pour leur usage particulier et dont l'emploi est devenu plus ou moins répandu.

Nous devons aussi faire observer que la division des terres, telle que nous la présentons, suivant les points cardinaux, est tout arbitraire de notre part et n'a aucun rapport avec la rotation, qui est, chez nous, triennale, comme dans toute la région.

1° Cantons à l'est de Pierrefaite

Les Serqueux. — Champs et vignes de l'Orme. — *Ferme de la Rièpe* (1), à M. Minette : contenance ; 45 journaux, 2 fauchées 1/2 de pré, 2 ouvrées de vigné. — Au-dessus de la Rièpe. — Les Grandes-Corvées. — La Dhuis. — La Vignotte. — Champ-Poirier, champs et vignes. — Saussenay. -- La Bruyère. — Corps-Marchais. — Champ Bussey, — Les Carres. — Boivin. — L'Homme-Mort. — Le Châtelet. — Marchais de Froide-Fontaine. — La Corneille. — Rablée. — Champ-au-Prêtre. — Croix-Messire George. — La Haie des Champs-Montants. — Boulois, partie est. — Champclos. — La Brosse. - Bois-la-Bique, 20 arpents. — Bois Champclos, 24 arpents. — Bois la Verde, 26 arpents (ces bois sont en litige) (2). — *Ferme de Chauffourt*, à M. Demongeot, de Coiffy ; contenance : 132 journaux, 20 fauchées de pré, 8 arpents de bois.

2° Cantons au nord

Crevé et Malroie. — Les Nouettes. - Champ-la-Graine. — Champ Coussin. — Paufer. — Moutardier. · — Boulois, partie nord. — Les Pargues. — Les Prés des Cornées. — Champ-Rouge. — La grande et la petite prairie, avec leurs différents cantons. — Côte Bouillant. — *Ferme du*

(1) *Rièpe*, de *ripa*, rive, à cause de la position des terres le long du ruisseau, frontière de la Champagne et de la Franche-Comté.
(2) Pendant la durée du procès de la commune avec MM. de Minette, les bois cessèrent d'être exploités.

Rupt-Chânois, à Latour, de Bize ; contenance : 60 journaux de terre (aujourd'hui détruite). — *Ferme et moulin
Jobard*, à C. Beligné, de Langres ; contenance : 138
journaux, 15 fauchées de pré, 16 ouvrées de vigne. —
Ferme de la Droite-Côte, à Jobelin, de Fays-Billot ; contenance : 93 journaux, 11 fauchées de pré, 5 ouvrées de
vigne. — *Ferme Penet*, à C. Bardonnot, de Langres :
terres et bois, 88 journaux 1/2 ; 4 fauchées de pré. —
Moulin Penet, à Edme Drouot, laboureur à Pierrefaite ;
contenance : 7 journaux (détruit). — *Les deux fermes de
la Vendue* (1) ; l'une, à N. Bernard ; contenance : 57
journaux, 2 fauchées de pré ; l'autre, à Joseph Valette, 28
journaux, 1 fauchée de pré, 10 ouvrées de vigne. — Vignes
de la Vendue. - Vignes du Champfort. — Le Plain de la
Vendue. — Les Varennes. — Le Grand-Essart. — Champ-
Rond. — Corbeau. — Le Charme. — *Les deux fermes de
Reculée ;* l'une, aux Clerget, de Fays et de Langres ; contenance : 76 journaux, 1 fauchée 1/2 de pré ; l'autre, à
Richard du Foulon, de Langres ; contenance : 76 journaux. — Canton des terres mêlées avec celles des fermes
de Reculée. — Le Champ-Martin. — Vignes du Champ-
Martin. — Essart Boillot. — *Ferme de la Gîte*, à Jacotin,
de Coiffy ; contenance : 122 journaux, 6 fauchées de pré.
— Canton des terres mêlées avec celle de la ferme de la
Gîte.

3° *Cantons à l'ouest*

Ferme du Bois-des-Côtes, à Tugnot, de Pisseloup ; contenance : 78 journaux du même tenant, 25 journaux dans
les cantons de la Coupe, de la Trompette, du Puits-
Matron, etc., 2 fauchées de pré, 8 ouvrées de vigne. —
Ferme du Vernois, à Loiselot, maçon à Pierrefaite, 13
journaux (détruite). -- Vignes du Bois-des-Côtes. — La
Coupe. — La Combe (2). — Champ Franciscot (3). —

---

(1) *Vendue,* toutes les terres dites *vendues* composaient le *grand
essart sous Velars ;* elles furent vendues au même individu par la
communauté.
(2) *Combe,* vallée.
(3) *Champ Franciscot,* autrefois *La Franchise.*

La Trompette. — Champ l'Émine. — Noue-Pierrée. —
Noue-des-Frênes. — Puits-Matron. — Guillemette. — La
Vingeanne. — Louvière. — Les Grandes-Fontaines. —
Haie du Grand-Fou (1). - Poirier-au-Sabat. — Essart
Michel. — Essart Bacque. — Four-à-Chaux. — Le Mal-
vrai. — Le Prônier. — Champ-Bligny. — *Ferme Vau
Martel*, à C. Barthélemy, de Landau ; contenance : 130
journaux, 1 fauchée 1/2 de pré. — Champ Bouvenot et
Gradelet. — Haie du Gros-Fou. — *Moulin du Bois*, aux
héritiers Mille ; contenance : 7 journaux, 2 fauchées de
pré, 8 ouvrées de vigne. — Bois du Rupt-Michel (en
litige), 7 arpents. — *Ferme de la Reine*, à Lemoine,
curé de Pierrefaite, et à son frère ; contenance : 61
journaux auprès de la ferme et 5 fauchées de pré ; 25
journaux dans les cantons Bouvenot et Gradelet. Bois
la Reine, 24 arpents, (en litige). — *Ferme de Plantemont* (2), à Clerget ; contenance : 135 journaux, 15 fauchées de pré et 15 journaux en divers cantons. — Pautel (3), entre le finage de Broncourt et Plantemont.

1° Cantons du Sud

Les Haies de Pommerée et de Roussée. — Champ-
Rebot (4). — Les Fontenottes, terres et vignes. — La
Raclarde (5), terres et vignes — Derrière l'Église. — La
Haie des Chèvres. — Le Saucy (6). — Champ-Laurent. —
Champ-Lajoie. — La Ruotte. — La Perrière. — Corvée-
Rougeot. — Virconduit. — Le Pertuis des Serqueux. —
Champ-Courbe. — Longerois. — Fougerolles. — Noue-
Gorrée. — Champ-Fournier. — Chêne-Martin. — Champ-
l'Alouette. — Champ-Paris. — Les Fourches. — Noue-
Henri. — *Ferme du Chânois*, aux héritiers Rivot, de

(1) *Haie du grand et du gros fou ;* fou, mot celtique signifiant *hêtre.*
(2) *Plantemont*, sur le haut de la colline ou du mont.
(3) *Pautel*, pour Platel, se disait autrefois pour plaine.
(4) *Champ-Rebot*, canton à côté d'un bois arraché qui fut reboisé ensuite.
(5) *Raclarde* pour *Raclage*, droit qu'avaient les habitants d'éclaircir le taillis dans le bois planté en cet endroit.
(6) *Le Saucy*, c'est-à-dire le *saule.*

Langres ; contenance : 120 journaux, 20 fauchées de pré.
— La Chômotte (1). — Les Mouillasses (2). — Les
Paules Degand. — La Gorge aux Loups. — La Poule. —
Les Mouillières — Le Rupt de Vau. — *Ferme des Mouil-
lières*, à George Mergey.

IV. *Topographie de Pierrefaite ; ses rues ; croix établies dans le village et sur le territoire.* — 1. La fontaine La Dhuis, à l'entrée du ravin qui traverse le
village, est au centre d'une cuvette, où convergent les
eaux des terres environnantes. Simple filet en temps
ordinaire, le ruisseau qu'elle forme, gonflé par les pluies
d'orage ou la fonte des neiges, roule en un torrent rapide
et saute avec fracas au fond du vallon par les trois chutes
qu'il s'est creusées. L'une de ces chutes, appelée le *Grand-
Trou* et la *Cataracte*, mérite d'être mentionnée pour sa
hauteur et la disposition du gouffre. On y voit une petite
source pétrifiante.

En se campant sur les deux bords du ravin, Pierrefaite
en a pris à son aise. Les maisons y sont fréquemment
isolées ou réunies en petits groupes espacés. Plusieurs
ont de vastes jardins, quelques-unes de beaux vergers qui
donnent au pays, avec les plantations faites le long du
cours d'eau, un aspect plus riant en été, mais il apparait
nu, sombre, ravagé, lorsque la saison a dépouillé les
arbres de leur parure.

On peut partager le village en quatre parties principales. Le quartier *du haut*, qui est le plus récent, n'ayant
commencé à se former qu'au xviiie siècle. Le quartier de
l'église ou du centre. Celui auprès de la *Tour-de-Ray* a
été, dans tous les temps, le plus répandu dans la plaine.
Enfin, le quartier dit *le Château*, et depuis trente-sept ans,
le Pensionnat.

2. Il y a quelque quarante ans, la route de Bourbonne,
entrant dans Pierrefaite, au nord, traversait le ruisseau
aux *Abeillies* et, sur l'autre rive, elle tournait à gauche,
s'avançant entre la cure et l'église. Par une sage rectifica-

(1) *Chômotte*, terres qu'on laissait chômer ; sans les ensemencer.
(2) *Mouillasses* et *Mouillières*, terrains humides habituellement.

tion, on lui a donné une direction plus courte et moins accidentée, en lui faisant suivre la rive droite, pour rejoindre l'ancienne route à la *Place-du-Pont*.

Toutes les rues et tous les chemins du village commencent ou aboutissent à ces deux voies.

Au tronçon de la vieille route viennent se rendre les sentiers *Vaumartel* et *la Perche*, la rue du *Gué*, la route de Charmoy, sur laquelle donnent la ruelle de Fays, la *Ruotte* et le chemin de la *Petite-Côte*.

De la route neuve ou Grand'Rue se détachent la rue du Pensionnat, ou Voie de la Prairie, que coupe l'ancien chemin des prés par le climat des *Pargues* (1). Au delà de l'église sont : à l'est, le chemin d'Ouge, la rue *Saint-Denis*, la route de La Quarte ; à l'ouest, la rue *Plantemont*, qui était autrefois le chemin de Broncourt et qu'il eût été préférable, afin d'éviter les côtes, de prendre comme tracé de la nouvelle route.

3. Dans les transactions passées entre les habitants, les seigneurs ou les décimateurs, il est souvent fait mention « des terres enfermées dans l'enceinte des croix du village » et déclarées exemptes de la dîme. La seule de ces croix qui nous reste, sans date et sans inscription, aujourd'hui comprise dans l'intérieur de Pierrefaite, est située à la naissance du chemin de La Quarte.

Une seconde croix, à l'entrée de la ruelle de Fays, fut élevée à la dévotion de Jean Jangey et de Catherine Ignard, son épouse, (1809).

La croix *Messire George*, sur le bord de la route de Bourbonne, a été érigée par Pierre George, bailli de Montesson, procureur d'office à Pierrefaite, en 1660. Placée à la limite des finages de Pierrefaite et de Montesson, elle servait de station dans les processions. Elle a été rapprochée de notre village après la construction de la route.

La croix *Massin*, à droite du chemin d'Ouge, est un monument que les enfants Massin, de Rougeux, élevèrent

(1) Le chemin de la prairie par le climat des *Pargues*, passant au *Cornot*, traversait le ravin et gagnait les rues du *Gué* et de la *Ruotte*; mais le passage est interrompu, depuis longtemps déjà, par un précipice.

à la mémoire de leur père, mort subitement, le 20 octobre 1728, au lieu dit *la Sablière*, en revenant d'Ouge, où il était allé rendre visite à un de ses fils établi dans ce village.

La croix *Chamoin*, sur le chemin de La Quarte, rappelle la mort tragique d'Alexandre Chamoin, tué par les Prussiens, le 18 octobre 1870.

Une sixième croix, dont il ne reste plus que la base, était dressée à l'extrémité sud du territoire, auprès de l'ancien chemin de Broncourt. C'était peut-être une des anciennes croix du village, transportée là après la suppression des dîmes dans un but de station pendant les *Rogations*, et que l'on aurait ensuite délaissée, à cause de son trop grand éloignement de Pierrefaite.

APPENDICE

───

1º *Liste alphabétique des familles établies à Pierrefaite de 1613 à 1636, dressée d'après les registres paroissiaux*

Augenois, 1626.

Baudiot, 1620. Berger, 1614. Bezillet, 1621. Bizet, 1614. Bonnet, 1623. Bouchard, 1631. Bouillot, 1622. Boutoillet, 1615. Briffaut, 1614.

Carbillet, 1616. Charles, 1614. Charrey, 1614. Chérey, 1617. Chevillot, 1614. Clerget, 1614. Collot, 1635. Corbelin, 1622. Cornevin, 1618. Cottenet, 1613.

Delaulle, 1624. Demoisy, 1633. Doribée, 1626. Dessin, 1617. Duche, 1613.

Frérot, 1624.

Galland, 1632. Ganny, 1635. Gaudiot, 1617. Gay, 1630. Girard, 1614. Girardot, 1615. Grand, 1623. Grezien, 1623. Guait, 1621. Guinot, 1617. Guslin, 1634. Gustin, 1619. Gisely, 1633.

Haidieu, 1617. Hairetz, 1632. *Hudelot*, seigneur de Montesson, 1614.

Jacotin, 1634. Jacquinot, 1623. Jannizot, 1634. Jarnet, 1615. *Joly*, de Montesson, 1614.

Lambert, 1625. Leroux, 1634. Liesnot, 1633. Lièvre, 1616.

Maire, 1614. Martel, 1635. Messager, 1613, Mignot, 1632. Mille, 1632. Monget, 1622. Mongeot, 1625. Mortel, 1630, Mougeot, 1625. Mussot, 1622. Myon, 1630.

Noirot, 1622.

Parisot, 1622. Peltret, 1613. Perron, 1613. Petitot, 1631. Pierre, 1631. Pioche, 1624. Poinsenot, 1624.

Questel, 1630.

Raffenel, 1614. Robinet, 1620. Rollet, 1616. Roussel, 1626. Ruotte, 1621.

Sans-Esprit, 1626. Seltzet, 1615. Semostre, 1624. Sergent, 1615. Simon, 1636.

Theurel, 1614. Thiériot, 1613. Tirriot, 1622. Tonneret, 1614.

Vannet, 1631. Vaudier, 1634.

Zarnel, 1631. Zéro, 1634. Zieliedly, 1633.

Total : 92 noms de familles.

Remarque. — Il est probable que, dans cette courte période de vingt-trois ans, quelques noms de famille n'aient point eu à paraître sur les registres.

2° Liste des familles qui sont venues, de 1651 à 1700, repeupler Pierrefaite, après sa destruction en 1636

Aignelot, 1673. André, 1683. Arviset, 1678.

Bacque (1) 1679. Baratin, 1664. Beaufort, 1673. Benoît, 1686. Berger, 1695. Bernard, 1678. Berthier (2), 1670. Bessel, 1664. Bussey (3), 1665. Bertin, 1679. Bienaimé, 1671. Billard, 1664. Bizet, 1668. Blairet, 1687. Blanc, 1682. Boillot (4), 1667. Boivin (5), 1695. Bonnet, 1671. Bouillot (6), 1664. Boulinet, 1690. Bourbelin, 1695. Bouteiller, 1651. Bresson, 1672. Brochot, 1668. Bronoël, 1697. Brousseau, 1671.

Camelet, 1668. Cardinal, 1699. Carat, 1666. Carteret, 1695. Caullet, 1667. Cercueille, 1683. Champenois, 1678. Chaperon, 1679. Chevillot, 1668. Chostel, 1669. Chrétien-

---

(1) *Bacque*, famille connue dès le XVIᵉ siècle *Essart-Bacque*, aujourd'hui, par altération, appelé Essèbey.
(2) *Champ-Berthier*.
(3) *Champ-Bussey* par corruption, *Beussey*.
(4) *Essart-Boillot*, dès 1559.
(5) *En Boivin*, canton du finage.
(6) *Bouillot*, dont on a fait *Bouillant* et *Côte-Bouillant*.

not, 1677. Clément, 1679. Cocandeuil, 1681. Cœurd'hiver, 1679. Collin, 1667. Colson, 1687. Comprot, 1670. Courteroie, 1670. Coussin (1), 1685. Couturier, 1676. Crance (2), 1687. Crenet, 1673.

Dambrun, 1665. Danichet, 1677. Darau, 1672. Darbot, 1687. Delaulle, 1679. Dexand, 1677. Delinotte, 1675. Demongeot, 1683. Denizot, 1699. Deux-Ans, 1673. Dhostel, 1671. Dubois, 1666. Dubreuil, 1692. Durand, 1690. Drouot, 1653.

Egalisse, 1697. Estienne, 1679.

Fange, 1677. Fébure, 1686. France, 1688. Fromageot, 1689.

Ganne, 1670. Garnier, 1699. Gautherot (3), 1678. George (4), 1691. Geoffroy, 1672. Gérard, 1695. Giat, 1696. Giffart, 1672. Gillot, 1688. Girard, 1653. Girardot, 1653. Guéniot, 1690. Guichard, 1677. Guillaume, 1676. Guilleminot, 1679. Guyot, 1667. Gradelet (5), 1681.

Harau, 1685. Hélie, 1696. Hiver, 1694. *Hudelot*, seigneur de Montesson, 1666.

Joly, de Montesson, 1666.

Hugueniot, 1679. Huin, 1681. Huot, 1693. Hutinet, 1695.

Ignard, 1690. Illégitime, 1699.

Jacquinot, 1653. Jaugey, 1678. Jeanniot, 1677, Jenny, 1668. Joannin, 1652. Joffrin, 1669.

Lambert, 1674. Landre, 1696. Langonnet, 1673. Lanoue, 1689. Lapostolet, 1697. Laprovôte, 1671. Leblanc, 1685. Leconte, 1686. Lecoq, 1688. Legros, 1685. Lejeune, 1674. Lejour, 1677. Leval, 1692. Linotte, 1697. Logerot, 1686.

Maignien, 1665. Maigrot, 1696. Maillard, 1667. Malloir, 1678. Martinet, 1667. Mathieu, 1683. Maupin, 1676. Maurice, 1672. Marcout, 1674. Mercier, 1683. Michaut, 1651. Mille, 1652. Millot, 1665. Minette (de), 1686. Moitié, 1652. Mongin, 1688. Mulson, 1692.

(1) *Champ-Coussin* et non *Cussin.*
(2) *Fontaine-Crance.*
(3) *En Gautherot,* canton de terre.
(4) *Croix messire George.*
(5) *Didier Gradelet,* juge à Pierrefaite, 1690.

Naide, 1666. Noël, 1674.

Odot, 1689.

Page, 1675. Paquet, 1686. Pardon, 1691. Parisot. 1683. Peltret, 1696. Penet (1), 1683. Pernel, 1687. Perron, 1653. Petit, 1687. Petitjean, 1686. Pierrot, 1673. Pirot, 1686. Poignot, 1670. Poissenot, 1699. Poitrot, 1696. Pommerée (2), 1676. Potard, 1678. Plain, 1676. Protoy, 1652.

Questel, 1666.

Raffenel, 1674. Raillard, 1665. Rameau, 1679. Ravenet (3), 1672. Ravelet, 1670. Rebillard, 1672. Renard, 1665. Renaudin, 1693. Rienne, 1692. Rigollot, 1699. Robinet, 1664. Robillon, 1672. Roger, 1672. Roux, 1652. Ruotte, 1671.

Sarnesson, 1674. Sirot, 1686.

Testeforte, 1651. Thévenot, 1686. Tierce, 1679. Tirand, 1667. Thirion, 1667. Tisserand. 1683, Tuain, 1679.

Vaillon, 1696. Valiton, 1685. Varney, 1668. Vannier, 1664. Vauthrin (4), 1677. Verdun, 1672. Vigenet, 1679. Vitrey, 1693. Villeminot. 1683. Voirin, 1668.

Xaineau, 1669.

Yenveux, 1672.

Remarques. — 1. Sur les 92 noms de familles qui composent la première liste, 20 se retrouvent dans la deuxième ; 72 familles se sont donc éteintes durant la période des guerres, de 1636 à 1651, ou ont fixé leur résidence ailleurs.

2. La seconde liste comprend 198 noms. Une douzaine seulement restent connus aujourd'hui dans le pays, et cinq ou six à peine des familles qui les portent descendent en ligne directe de ces anciens habitants.

3° *Liste des nouvelles familles qui apparaissent à Pierrefaite pendant le XVIIIe siècle*

Ageron, 1731. Andriot, 1709.

---

(1) *Penet*, nom d'une ferme.
(2) Haie de *Pommerée*, canton de champs.
(3) Me *Ravenet*, greffier en la justice de Pierrefaite, puis son fils, Pierre, 1672-1750
(4) *Antoine Vauthrin*, syndic de Pierrefaite.

Bailly, 1731. Béguinot, 1700. Blanchard, 1790. Belin (1), 1710. Blondot, 1728. Bonhomme, 1733. Bourcier (2), 1706. Branchet, 1705. Brugnion, 1771.

Caillet, 1709. Cazot, 1731. César, 1753. Chamelet, 1738. Chapeau, 1707. Chauffournier, 1727. Chaussin, 1737. Chevillot (3), 1701. Chodot, 1750. Collicy, 1751. Courtejoie, 1759. Cressot, 1712.

Daguin, 1773. Delanoue, 1720. Delatour, 1728. Dartois, 1724. Davignon, 1716. Debigu, 1739. Drouot (4), Drouhin, 1718.

Faulle, 1730. Fournoy, 1709. Febvre, 1700. Fleury, 1710. Floriot, 1718.

Galissot, 1717. Gallois, 1781. Gaudiot, 1710. Gauthier, 1758. Gennois, 1720. Gentilhomme, 1735. Gilbert, 1724. Girault, 1703. Goblet, 1790. Goublet, 1714. Grandmanche, 1721. Gruyot, 1790.

Henri, 1723. Huguenin, 1707.

Jachiet, 1723. Jacquet, 1735. Jeanninel, 1724. Jobard, 1723. Jolivet, 1729.

Létalnet, 1722. Licot, 1712. Logerot, 1781. Loiselot, 1766. Lombard, 1711. Luquet (5), 1743.

Maisonnet, 1739. Marcel, 1703. Marchal, 1731. Marichal, 1735. Martin, 1720. Mathey, 1718. Mergey, 1790. Mordin, 1764. Moluet, 1723. Monniot, 1753. Minguet, 1717. Moris, 1709. Morisot, 1735. Mortel, 1752. Morot, 1725.

Ouvrardot, 1751.

Paille, 1718. Péchinet, 1759. Pelleteret, 1773. Philpin, 1701. Picard, 1769. Pierre, 1759. Pignot, 1710. Pinget, 1757. Poinsel, 1737. Prudent, 1731.

Robert, 1706. Roberty, 1780. Rondot, 1733. Rosoy, 1705. Rougeux, 1712. Roussée (6), 1759. Ruflin, 1703.

Sautot, 1750. Seurre, 1718.

Thévenin, 1712.

Vallot, 1715. Vaudin, 1733. Vaulot, 1711. Varney, 1701.

(1) *Jacques Belin*, sergent en la justice de Pierrefaite, 1750-1778.
(2) *Revers Bourcier*, climat.
(3) *P. Chevillot*, huissier royal en la justice de Pierrefaite, 1707-1700.
(4) *N. Drouot*, greffier en la justice de Pierrefaite, 1750 1763.
(5) *Claude Luquet*, lieutenant en la justice de Pierrefaite, 1738.
(6) *Haie de Roussée*, canton de terre.

Viard, 1716. Viardot, 1716. Verdier, 1723. Villemin, 1792. Voinchet, 1745.

Total : 100 noms, parmi lesquels une quinzaine restent présentement connus ; six ou sept familles ont aujourd'hui encore des liens de parenté avec celles comprises dans cette liste du XVIIIe siècle.

4° *Liste des familles qui existent à Pierrefaite,* *de 1803 à 1833*

Ageron, Andriot, Aubert.

Bastien, Bardel, Barthellemy, Belin, Bessel, Bergeret, Berquier, Blanchard, Blugeon, Bouhot, Bournot, Bourcier, Brayer, Braconnier, Bronoël.

Carbillet, Carné, Carteret, Cersoy, Chameroy, Chamoin, Charles, Champion, Chodot, Collin, Courtejoie, Coussin.

Duponnois, Dumoulin.

Faivre, Febvre.

Gardiennet, Gaudiot, Gauthier, Génuit, Girod, Girault, Goblet, Grossetète, Gruyot.

Hasse, Henri, Hubert, Huot.

Ignard.

Jacquinot, Jaugey, Jeanninelle, Jobert, Jobard, Jolivet, Jourd'heuil.

Labarbe, Lambert, Lamiral, Lamotte, Laprovôte, Lecoq, Lemoine, Loiselot.

Malloir, Mammès, Marcout, Martin, Masson, Mathey, Maurice, Mercier, Mergey, Meuret, Mille, Millot, de Minette de Beaujeu, Moluet, Mordin, Moris, Morisot, Mortel, Mortet, Mulson.

Ouvrardot.

Paille, Peltret, Pierrot, Pinget, Pioche, Plain, Plomb, Protois.

Questel.

Ragot, Ravenet, Richard, Roberty, Roger, Rougeux. Roussel, Ruffin.

Sol.

Thirion, Tierce, Tisserand, Tripier.

Valette, Valory, Varney, Vauthrin, Villemin, Voirin.
Willet (Ouillet).

Total : 113 noms de famille, dont plus de 80 ont déjà
disparu.

TABLE DES MATIÈRES

CHAPITRE V

CHAPITRE VI

retraite à Ouge ; son emprisonnement ; son apostasie ; sa détention à Chauvirey ; son élargissement. — Arrestation de M. Granjean, sa condamnation à l'exil.

Pillages des églises. — Vente des presbytères. — Année et fêtes républicaines ; solennité du 20 prairial. — Le 9 thermidor. — Les détenus relaxés. — M. l'abbé Jacquinot. — Les prêtres rentrés en France, obligés de repasser la frontière. — Dernières années de la persécution religieuse. — Serment de haine à la royauté. — M. l'abbé Mulson et l'exercice du culte catholique. — Il est forcé de quitter Pierrefaite ; son retour en 1793. — Il devient desservant de Torcenay en 1800 ; sa mort ; ses dernières volontés. — M. Grandjean, curé de Genevrières. — Mort de Doribée et de M. Lemoine.......

CHAPITRE VII

Lois municipales, de l'an VIII à nos jours. — Organisation religieuse par le Concordat de 1801. — Pierrefaite, reconnu comme succursale, en 1803. — Faits divers. — *La Chère année* de 1817. — Le lieutenant Questel ; sa mort glorieuse, en 1824. — Incendie, en 1825. — Classement de la route de Bourbonne à Champlitte. — Travaux exécutés par la commune. — Départ de familles pour l'Amérique. — Les chemins vicinaux. — Le choléra de 1854. — Etat des bâtiments communaux. — M. Jobert, sa carrière militaire. — Guerre de 1870. — Les Prussiens à Pierrefaite. — Le commandant Brayer, sa mort. — La commune, de 1870 à nos jours. — Travaux exécutés par elle depuis 1884. — Mort de Juste Henri, capitaine au 109e de ligne, ancien élève du collège de Pierrefaite...

CHAPITRE VIII

Les actes civils et religieux, avant 1792. — Mouvement de la population. — Statistiques agricoles.—Description du territoire.—Terrains géologiques dont il est composé. — Dénominations des cantons de terre, en 1793 ; noms, propriétaires, contenances des fermes. — Topographie du village ; ses rues ; croix érigées dans Pierrefaite et sur son finage.....................................

APPENDICE

1. Liste des familles habitant Pierrefaite, de 1613 à 1636. — 2. Liste des familles qui, après sa ruine en 1636, ont repeuplé le village, de 1651 à 1700.—3. Liste des familles nouvelles qui sont venues l'habiter pendant le 18e siècle. — 4. Liste des familles existant à Pierrefaite de 1800 à 1833..

LANGRES. — IMPRIMERIE ET LIBRAIRIE RALLET-BIDEAUD

ERRATA

Page 8, titre du Chapitre II, au lieu de LA SEIGNEURS, lisez LA SEIGNEURIE.

Page 65, 6ª avant dernière ligne, au lieu de nos pères avait le tort, lisez avaient...

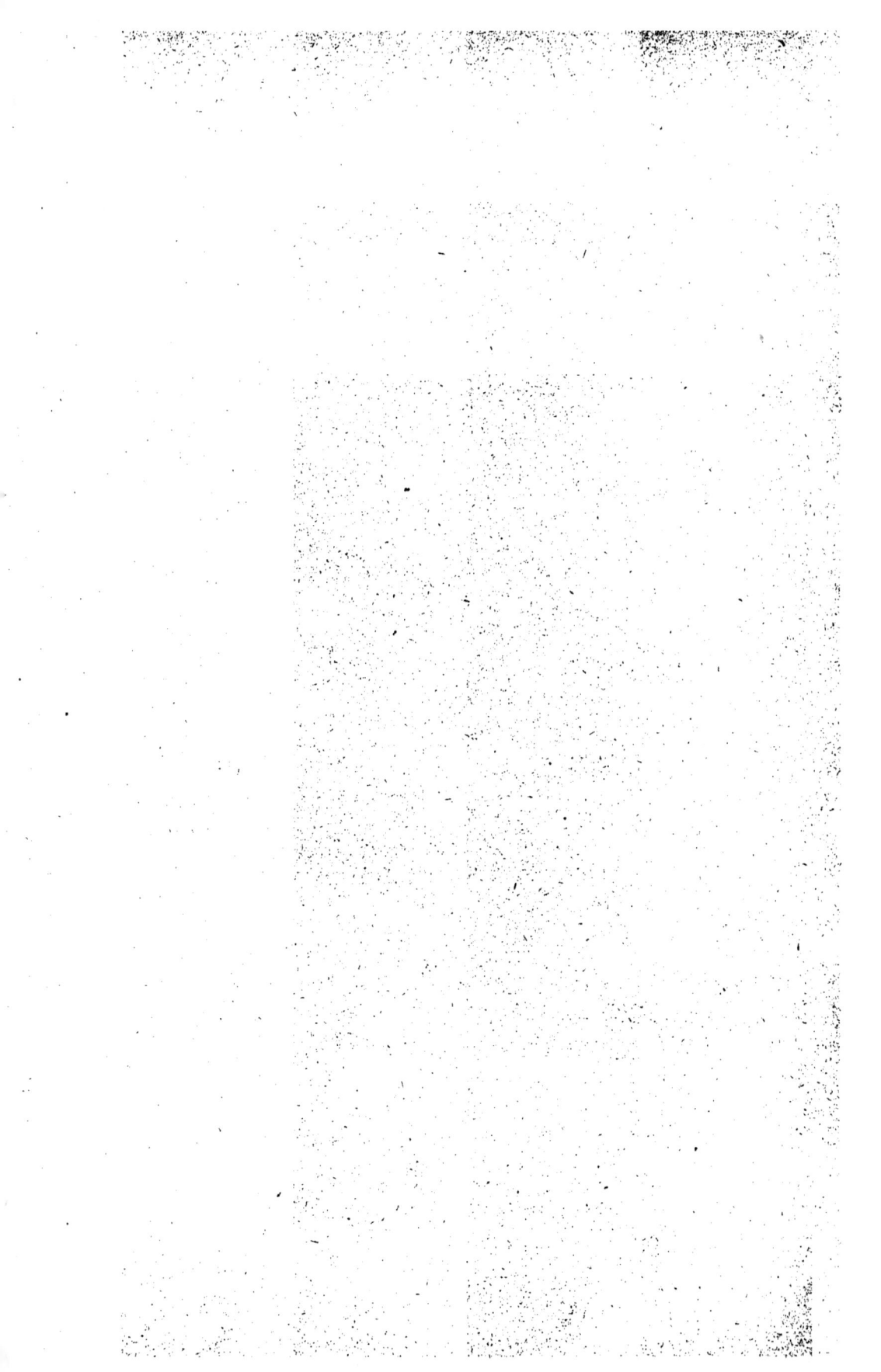

Histoire de la *Vallée de l'Amance*, par Briffaut et Mulson. — **Prix : 1 fr. 50**.